IN DEFENSE OF
DEFLATION

通缩之问

[德] 菲利普·巴格斯

(*Philipp Bagus*) ＿ 著

杨农　熊越＿译

清华大学出版社

北　京

Philipp Bagus
In Defense of Deflation
EISBN: 978-3-319-13427-7
Copyright © PHILIPP BAGUS.

北京市版权局著作权合同登记号 图字：01-2015-5300

图书在版编目(CIP)数据

通缩之问 / (德)巴格斯 著；杨农，熊越 译. —北京：清华大学出版社，2015（2024.5重印）
书名原文：In Defense of Deflation
ISBN 978-7-302-41365-3

Ⅰ．①通… Ⅱ．①巴… ②杨… ③熊… Ⅲ．①通货紧缩—研究 Ⅳ．①F820.5

中国版本图书馆 CIP 数据核字(2015)第 199919 号

责任编辑：陈 莉 高 屾
封面设计：周晓亮
版式设计：方加青
责任校对：牛艳敏
责任印制：杨 艳

出版发行：清华大学出版社
　　　　网　　址：https://www.tup.com.cn, https://www.wqxuetang.com
　　　　地　　址：北京清华大学学研大厦 A 座　　　　　　　邮　　编：100084
　　　　社 总 机：010-83470000　　　　　　　　　　　　　邮　　购：010-62786544
　　　　投稿与读者服务：010-62776969, c-service@tup.tsinghua.edu.cn
　　　　质 量 反 馈：010-62772015, zhiliang@tup.tsinghua.edu.cn
印 装 者：三河市人民印务有限公司
经　　销：全国新华书店
开　　本：169mm×230mm　　　印　　张：16.75　　　字　　数：193 千字
版　　次：2015 年 10 月第1 版　　印　　次：2024 年 5 月第 6 次印刷
定　　价：88.00 元

产品编号：065558-04

献给

我的父母

前　言

　　对通货紧缩的恐惧极大阻碍了我们去建立一个更加完善的货币体系。特别是在危机关头，通货紧缩的"幽灵"显现，经济下行的风险迫使各国央行增加货币供应、实施货币宽松。2008年金融危机席卷全球，其引发的通缩螺旋(deflationary spiral)重创了国际银行体系，债台高筑的政府、公司和个人也未能幸免。这是一次对体系进行清算的难得机会，这一体系通过制度化的通货膨胀，不断对财富进行再分配，产生商业周期，阻碍储蓄和经济增长，并保护精英权贵免于竞争。

　　然而令人遗憾的是，这样的清算并未发生。六年来，史无前例的货币工具带来了货币供应大幅增加，这个体系反而被进一步巩固下来。经济结构重组再次延迟，中央银行的资产负债表更加恶化，政府债务猛增，经济复苏受到极大干扰。我们没有看到经济状况的持续改善，也没有看到对普遍过度负债的解决方案。精英们会不遗余力地避免通缩性崩溃，这不足为奇。但那些因通货膨胀而受损的人也大都欣然接受这些措施，着实令人不解。更让人摸不着头脑的是，为什么几乎全部的经济学家也都患上了通缩恐惧症(deflation phobia)。正是这种对通货紧缩的恐惧，使得我们仍然对2008年险些崩溃的货币体系抱残守缺。对通缩螺旋的恐惧可能被用来指责自由市场制度，并被用来支持干预政策。甚至还有的经济学家认为，货币供应量的增长速度必须至少跟上经济增长速度，否则会出现有害的价格通缩。这些"训练有素"的经济学家也反对引入金本位，反对让比特币成为货币。

　　另一个在最近引人关注的谬见是：旨在降低成本(尤其是工资)并减少公共预算赤字的政策，会导致经济陷入衰退。事实上，在欧洲主权债务危机中，紧缩被贴上了有害的通缩政策的标签。分析家们还以20世纪30年代初德国总理海因里希·布吕宁(Heinrich Brüning)所谓的通缩政策为例，来佐证紧缩遏制论。此外，1931年的"滚动通缩"(rolling deflation)甚至被用来支持国际最后贷款人，这离引入一种世界货币仅一步之遥。① 为此，我们会逐一批驳这些谬见。本书从历史角度分析了布吕宁的政策，证明它们实际上有助于加快经济复苏。

　　廓清关于通货紧缩的各种谬见至关紧要，否则，我们的货币机构就不可能发生任何彻底改变。事实上，对通货紧缩的恐惧以强大的"论据"滋养了通货膨胀的支持者，而通货膨胀到头来又滋养了政府。离开通胀性货币体系的"资助"，政府永远不可能达到今天这般规模。因此，驳斥关于通货紧缩的谬见对自由的未来意义重大。本书便是助力这一努力的一次尝试。

菲利普·巴格斯

2014 年 5 月 18 日

西班牙，马哈达翁达

---

① 参见金德尔伯格(Kindleberger)和阿里波(Aliber)(2005，第258页)。

致　谢

　　首先，我要感谢路德维希·冯·米塞斯研究所在2003年、2006年和2009年授予我奖学金。我尤其感谢路德维希·冯·米塞斯研究所的工作人员和资助者，他们让我在那里的研究成为可能。谈到米塞斯研究所，我要特别感谢我的师友吉多·许尔斯曼对我的指导。事实上，吉多·许尔斯曼曾建议我把分析通货紧缩作为在研究所第一份奖学金的备选研究方向。感谢胡安·德·马里亚纳研究所的人们，特别是我的朋友和同事加布里埃尔·卡尔萨达。我还要谢谢我的朋友胡安·拉蒙·拉耀、何塞·伊格纳西奥·德·卡斯蒂略和安东尼奥·赞内拉，他们阅读了本文的初稿。感谢我的朋友芭芭拉·A.欣泽，她牺牲了很多自己的时间来编辑我的文章，我亏欠她的东西难以估量。我也非常感谢我论文的指导者，赫苏斯·韦尔塔·德索托。他总是尽可能地帮助我，他对我的信任一直是一种特殊的激励源泉。最后，我想谢谢我的家人和朋友们，他们让这个项目成为可能。

目录 :::: Contents ╱ ╱ ╱ ╱

第 1 章

绪论

传统上，通货膨胀一直是经济学的焦点。无数文章、书籍和论文都分析过通货膨胀的成本、收益、后果和原因。通货膨胀几乎是每一本货币理论教材的重要组成部分，相比之下，通货紧缩却依然被人忽视。有时，货币理论教科书中甚至会对通货紧缩避而不谈，或者在论述通货膨胀的章节里作为通货膨胀的反义词被一笔带过。[①]

从历史的角度看，一个主要的原因可能是，通货膨胀比通货紧缩更为常见，至少在20世纪下半期是如此。正如大卫·莱德勒(David Laidler)在《新帕尔格雷夫货币金融大辞典》里对通货紧缩的描述："第二次世界大战以来，世界经济的主流是不同程度的通货膨胀，这很容易使人把通货紧缩当成纯粹的理论兴趣。"[②]

然而，理论家们最近又重新关注起通货紧缩(Borio & Filardo，2004)。日本、中国和其他新兴经济体的物价不断下降，这惊动了那些害怕通货紧缩的经济学家。如布拉德福德·德隆(Bradford DeLong)所说，因为长期的通货膨胀，几乎"没有人看到过价格水平真的降低，即使一个遥远的可能性也没有。但现在，人们看到了"(1999，第225页)。正因为如此，经济学家们已开始讨论在欧洲和美国出现通货紧缩的可能，以及如何防范这种威胁。[③]经济学家们还在联邦公开市场委

---

① 在米勒(Miller)和厄普顿(Upton)的教材中可以找到例子(1986，第363页)。

② 新帕尔格雷夫经济学词典(*The New Palgrave：A Dictionary of Economics*)包含了关于通货膨胀的条目，但不包括通货紧缩。阿特韦尔等(Eatwell et al. 1987)。

③ 例如，埃亨(Ahearne)等(2002)和伯南克(Bernanke)(2002)提出了这些顾虑。

员会(FOMC)2003年5月的会议上提出了他们的担忧①，同年，国际货币基金组织(IMF)也发表了一项评估通货紧缩风险的研究。②欧洲央行(ECB)的奥特玛·易欣也在一次演讲中讨论了这一问题——尽管他并没有把通货紧缩看作是迫在眉睫的风险(2002)。我们惊讶地发现，许多研究煞费苦心，试图找到或许能预防价格通缩的方法——如果有人拥有一台印钞机，并印出法币来抬高价格，这似乎很容易实现——但相比之下，仍然很难看到对价格通缩的原因和影响的细致分析。

因此，路德维希·冯·米塞斯的话在今天仍然像在1933年那样振聋发聩：

不幸的是，在分析物价下跌的影响这一最需要帮助的地方，经济理论恰恰最薄弱。物价普遍下降一直被认为是不幸的。而现在甚至超过以往任何时候，工资率和许多其他生产要素成本的刚性有碍于客观地考虑这个问题。因此，现在无疑是时候去彻底研究物价下降的影响，并分析物价下降与商品和服务生产增长以及普遍福利改善相矛盾这一广泛存在的判断和认知了。③

弗里德里希·A. 冯·哈耶克也指出了一个类似的研究方向([1931]1966，第7页)，他认为通缩总是导致生产下降这一观点难以成立。不幸的是，即使到了今天，大多数经济学家仍然或多或少持有这个错误

---

① 波尔多等(Bordo et al.)(2004，第1页)。

② 库玛尔等(Kumar et al.)(2003)。

③ 英文引用取自米塞斯(Mises)(1978，第218页)，源于纪念亚瑟·斯皮托夫(Arthur Spiethoff)的文集中的文章Der Stand und die nächste Zukunft der Konjunkturforschung(Mises 1933，第175-180页)。

观点。

通缩理论对政治经济学的重要性根植于这一事实：对通货紧缩的恐惧，为扩张货币供应打开了方便之门。[①]当价格通胀率放缓，经济学家便提议预防性的宽松货币政策[②]，这使得通货膨胀居高不下。用以防止通货紧缩的通胀政策会导致诸多恶果，比如：人为的繁荣萧条周期、资产价格泡沫、金融不稳定和严重失衡的再分配。为了证明这些通胀政策的正当性，经济学家当然必须证明通货紧缩对经济活动有害，需要不惜一切代价防范通货紧缩。但我的策略却是反其道而行之——揭示通货紧缩本身并不会伤害经济，鉴于此，用于抵御通货紧缩的通胀性货币政策是站不住脚的。这或许是本书最为重要的实际意义和贡献。

这些讨论普遍未能为通货紧缩提供一个确切的定义，对通货紧缩的学术分析的忽视也是显而易见的。正如易欣所说，"'通货紧缩'一词常被误用来描述各种负面的未来发展动态。"(2002，第5页)然而，通货紧缩的科学定义确实存在。例如，莱德勒提供了一个常见定义(1992，第607页)："通货紧缩是一个物价下跌而货币价值上升的过程，它和通货膨胀相反。"这是在教科书中能找到的最常见定义。[③]

---

① 正如许尔斯曼(Hülsmann)(2003a，第55页) 指出："它【通货紧缩】乍看之下给了通胀货币政策和设计来实现通胀制度——尤其是垄断纸币生产——的正当性。"

② 例如，参见伯南克的推理，他同样指出，比起商品本位，法定纸币的一项优势是，在一切情况下，都可以运用货币与财政政策，通过增加名义支出来预防通货紧缩(2002，第4-5页)。拉尔斯·斯文森(Lars Svensson)建议用2%的通胀目标代替0%，理由便是价格通缩的所谓负效应(2000，第30页)。保罗·克鲁格曼(Paul Krugman)甚至主张，经济陷入流动性陷阱时步履难行是因为"经济需要通货膨胀"(1998，第161页)。他建议日本采取15年4%的价格通胀率(第181页)。

③ 库玛尔等指出："通货紧缩被定义为消费价格指数或平均物价指数这样的物价总体指标出现持续下降的情形。"(2003，第6页)。

而米塞斯这样定义通货紧缩：

通货紧缩(或限制，或收缩)表示(广义上)货币数量的减少，它不能被(广义上)相应减少的货币需求所抵消，所以货币的客观交换价值必然会增加(1981)。[①]

即是说，货币购买力增加之日，就是通货紧缩之时。因为(广义上)货币数量减少，而(广义上)对货币的需求并没有相应减少。

这里并不考虑定义的对或错，而是看它在特定研究中是否适用。在下面的章节中，将分析对货币购买力上升的恐惧，这是一个在经济学家和非专业人士中间都广泛存在的顾虑。因此，我把这种令人害怕的货币购买力上升，即以货币单位计算的价格普遍下降的情况，定义为价格通缩(price deflation)，或通货紧缩(deflation)。[②]我们将看到，引起价格通缩的一个原因是货币数量减少，将其区分为货币通缩(monetary deflation)。这样定义的另一些优点是简洁，并与拉丁文原意在词源学上对应。"通货紧缩"一词的词根，来自拉丁语动词flare，意思是"膨胀"(to puff)，前缀"de"表示相反。因此，"收缩"(deflate)是指向下，"通货紧缩"即是指一种下降。货币通缩便是货币供应下降，而价格通缩是物价普遍下降。以此类推，货币通胀(monetary inflation)是货币供应增加，而价格通胀(price inflation)是物价

[①] 米塞斯(1981，第240页)。

[②] 在之前的论文中，巴格斯使用了奥地利学派的定义，即把通货紧缩定义为货币数量下降(巴格斯，2003)。而在本书中，他使用了更主流的定义。对此，他的解释是，克里斯蒂娜·拉加德(Christine Lagarde)谈到通货紧缩时说的是后者，所以他为通缩辩护的时候也必须用这个定义作为回应。——【译者注】

普遍上涨。[1]

由于对价格通缩的分析一直被人忽视，我特别想回答以下问题：通货紧缩或价格下跌对经济有害吗？常有人认为，由于市场不完美，价格通缩非常有害，甚至比价格通胀更有害。[2]我通过"想象难以想象之事"(think the unthinkable)来挑战这一观点。[3]我认为，一个价值观中立的经济学家不应声称通货紧缩本身即是一个经济问题，或者说其是坏的。有些人受益，同时另一些人受损，经济运行中的每一个变化都如此。因此，人们不能说仅仅从自身的角度根据这些预期收益和亏损来推断通缩是否会抑制或干扰经济发展。

为此，本书的分析框架如下：第2章是关于通货紧缩的主要经济理论。由于许多思想家都认为通货紧缩会扰乱经济，本项研究的论题相当不同寻常。就其成因而论，有人也许会说通货紧缩对经济有害，我们将在第3章中考察价格通缩的成因。在第4章中，我们将分析价格通缩的结果，以判断其影响是否真的如大家认为的那么有害。在这种情况下，我们将讨论在考虑通货紧缩的后果时常犯的一些错误，以及反通缩偏见的起源。第5章分析两起通货紧缩的历史案例：1865—1896年美国的增长型通缩和1929—1933年德国的银行信贷通缩。它们将作为前面几章理论分析的例证。

---

① 关于"通货膨胀"一词含义的演化，参见布莱恩(Bryan)(1997)。

② 比如，参见沃伦和皮尔森(Warren and Pearson) (1933，第180页)或库玛尔等(2003，第14页)。

③ 罗斯巴德(Rothbard)(1976，第35页)。

第 2 章

通货紧缩：经济理论

2.1　简介

关于通货紧缩，许多经济学家都已专门论述过，或在其相关货币理论分析中触及。本章不打算一一评述每一篇参考文献，而是对通货紧缩经济理论的主要趋势和变化进行综述。这有助于解释通缩理论的形成过程，以及相关观点改变的原因。为了解释为什么会出现特定通缩理论和通缩恐惧症，本章将特别强调这些通缩理论家所处的环境和背景。通缩理论的梳理主要依照年代顺序展开，但有时也会将观点相近、时代可能不尽相同的理论家归在一组。

2.2　重商主义者与通货紧缩

16世纪之前，中世纪尚无人论及囤积(hoarding)、粘性价格，或者谈起对物价下跌的恐惧和稳定价格的需要，在那时，这些似乎还没有被视为急需解决的问题①，忽视通货紧缩可能是由于货币经济和信用货币尚未普及，自给自足的农庄在经济体中尚处于支配地位。

---

① 例如，约翰·洛克声称，货币供应并不重要，因为任何数量的货币都足以满足贸易需求。洛克(Locke [1691] 1824，第48页)。

重商主义者一直专注于货币通胀，并最早提及通货紧缩的风险。根据重商主义学说，贸易顺差将以增加其贵金属存量的方式使一国受益。[1]重商主义者们把积攒货币奉为最佳财富储藏方式，因而担心一国货币流失。因此，他们暗暗担心着货币通缩，并形成了两种观点。

其一，威廉·波特(William Potter)和约翰·劳(John Law，1671—1721)[2]认为，"流通"中的货币越多意味着贸易越多。对他们来说，要紧的是货币没有在金库里"闲置"，而是在"流通"并刺激贸易。囤积货币会抵消通货膨胀应有的好处，因为新产生的货币不会被花掉，即不会产生更大的支出。类似地，托马斯·曼利(Thomas Manley)也谴责守财奴，因为"锁在守财奴库房里的钱，就像堆起来的粪，做不了好事，它应该被分散开，并在外面有序处置，使土地丰饶"。[3]因此，这些作者把私人囤积和可能让金块退出流通的所有行为都斥为有害[4]，并视之为毁灭性问题。

其二，弗朗西斯·培根(1561—1626)、杰拉德·德·马利尼斯(Gerrard de Malynes，1586—1641)、托马斯·曼(Thomas Mun，1571—1641)和约翰·布里斯科(John Briscoe)等[5]认为，囤积贵金属就像国家

---

① 瓦伊纳(Viner)([1937] 1975，第6页)。

② 参见瓦伊纳([1937] 1975，第36-37页)。关于两派重商主义者，参见第40页；参见罗斯巴德关于劳(2006a，第330页)，以及波特反对窖藏和其有关价格通缩的奇怪理论(第328页)。这可谓是经济思想史上最古怪的推理：波特声称，增加货币量会刺激生产，从而物价出现下降。他显然不认为源自货币通胀的价格通缩有任何问题。

③ 曼利(1669，第53页)。

④ 瓦伊纳([1937]1975，第45-46页)；后来，在重商主义节节败退之时，大卫·休谟仍然表示国家窖藏是"我们全体应该大力反对的做法，它具有破坏性，即把大笔金额存入国库，束之高阁，使它们完全无法流通"。([1752] 1826b，第361页)

⑤ 瓦伊纳([1937] 1975，第8-9页，第23-24页，第26页，第49页)；尽管查德·坎蒂隆和雅各布·范德林特(Jacob Vanderlint)都不是重商主义者，他们却都建议国王窖藏货币，以便保持低物价和竞争力。参见罗斯巴德(2006a，第333-334页)。

宝藏或者私人储藏财富一般，是非常有益的事。同样，他们也认为货币是财富的最佳载体。因此，经济体中货币量增加，意味着社会财富累积，而被视为一件好事。在他们看来，经济活动的首要目标便是获取和贮藏贵金属。这种节俭学说显然受到了清教伦理和宗教原则的启发。①

2.3　古典通缩理论

2.3.1　古典经济学家

古典经济学家通常并不认为通货紧缩是值得关注的问题。例如，亚当·斯密讨论了劳动分工对产出的影响，但他并未进一步研究当价格水平下降时会出现何种情况。因此，要么是这些学者没有预见到任何由价格通缩引发的问题值得讨论；不然就是他们没有意识到经济增长可能导致价格下降这一事实，尽管后一种情况可能性极小。然而，这些经济学家中仍然有一些人确实触及到了通缩问题的出现。

理查德·坎蒂隆(Richard Cantillon，1680—1734)在研究古典金本位的价格-铸币流动机制(specie-flow-price mechanism)②时指出，在长时

---

① "节俭的信条同样导致了以另一条推理链：强调贸易出超的重要性"(瓦伊纳1975，第30页)，瓦伊纳解释了"这一时期的普遍学说是轻视消费和信奉勤俭节约，这并非完全建立在经济学推理之上，更多是道德和宗教准则，以及阶级偏见的体现。清教徒不允许奢侈……"(第26页)。

② 坎蒂隆([1755] 1959，第159-199页)；坎蒂隆在1730年前后写了这篇文章，但直到1755年才发表。译者注：通常认为这一机制是大卫·休谟在1752年提出的。

期内，货币供应变化对价格的影响是不确定的，它取决于谁持有货币以及他们如何利用货币，并使那些先收到新增货币的经济主体受益，从而引起资源在社会中重新配置。这种效应现在被称为"坎蒂隆效应"。他虽然没有指明货币通缩的过程，但其分析似乎意味着货币数量减少也会有对应的影响。

大卫·休谟(1711—1776)则假定所有价格上涨都和货币供应增加成比例。然而，相比坎蒂隆，休谟对不同类型的通货紧缩特别是价格通缩进行了分类，即由经济增长、货币使用范围扩大和货币供应量减少引起的通缩。

首先，休谟在分析经济增长引起的价格通缩时提到："这似乎是一条不言自明的铁律，每件商品的价格取决于商品和货币之间的比例。……增加商品数量，它们便会变得更便宜。"①休谟并未显示出对价格通缩的任何担忧或恐惧。其次，休谟讨论了由于货币使用范围扩大，或者说出现货币取代以物易物所引起的价格通缩：

> ……流通领域扩大了；与此相同的是，单位金额服务了更大领域；因此，货币服务相对减少，所有商品必然更便宜，价格逐渐下降。②

请注意，这里同样没有把价格通缩当成问题。

第三，休谟分析了货币供应减少所引起的价格通缩，同时考虑了货币供应一次性减少和持续减少的情况。在《论贸易平衡》一文对价

---

① 休谟(Hume)([1752] 1826a，第326-327页)。
② 休谟([1752] 1826a，第329页)。

格-铸币流动机制的分析中，他考虑了货币供应一次性减少的情况。但他并没有注意到价格通缩的任何不利影响。休谟提供的一个例子特别有意思，假设英国全部货币的五分之四在一夜之间消失，他声称所有价格都会成比例下降(包括出口)，并因此充实货币存量。①然而，他并不认为这个高达五分之四的价格通缩有任何问题，或者即使他认为有问题，也没有进一步予以讨论。

然而，让人惊讶的是在作出上述分析之后，他的确认为持续的货币通缩是有问题的。虽然他宣称任意数量的货币对维持货币经济的正常运行都是最优的，但改变货币数量会有短期影响。因此，他指出，增加货币数量会提升"国家的勤勉精神"②，而减少货币数量会产生相反效果：

一个货币减少的国家，实际上比拥有同样多的货币、却正在增加货币量的另一个国家更弱、更悲惨。如果我们认为，货币数量无论是增加还是减少，都不能立即反映在商品价格的成比例变化上，这就很容易解释了。在经济调整至新状态之前，总会有一个时间间隔；金银减少时，这段间隔对产业有害，而这些金属增加时则有利。虽然工人们在市场上还在为每件商品支付相同价格，但他们无法再从制造商和销售商那里得到雇用。③

① 休谟([1752] 1826b，第351页)；必须批判休谟的这一推理，即物价会成比例下降。即便所有个人都成比例地损失了名义货币，他们的反应也可能截然不同。因为他没有关注真实世界中货币增减的动态过程，只关注了长期价格均衡。

② 休谟([1752] 1826a，第324页)。

③ 休谟([1752] 1826a，第324-325页)。

因此，在某种意义上，休谟的经济思想中引入了一种对通货紧缩的新评价。他将其视作更大的麻烦，并采用了粘性价格的论据(即通货紧缩是有害的，因为有些价格是刚性的，很难下跌)。尽管从长期来看，货币通缩是中性的，即对实体经济要素没有影响；但在短期会存在适应问题。具体地说，货币通缩的过程在短期内是非中性的。我们可以认为，休谟的表达是经济思想史上首次猛烈抨击货币通缩。然而，休谟并未能理解，当所有价格下跌，购买(货币)成本和销售收入都会下降。这可能对行业有害，也可能起到促进作用，取决于购买或销售收入下降速度有多快。换言之，当货币数量减少，没有明确原因说明为什么购买成本不能比销售收入下降得更快。总之，休谟决定性的评价是未来反对货币通缩的论据来源，尤其是那些关于"勤勉精神"的论述和紧缩政策对企业家行为的激励效应的讨论。

瑞典经济学家佩尔·尼克拉斯·克里斯蒂尔林(Pehr Niclas Christiernin，1725—1799)是最早对货币通缩作出深入分析的古典经济学家之一。在他看来，为了给政府财政赤字融资——主要是因为七年战争(1756—1763)——瑞典银行开启了货币扩张主义时期。[1]特许制造商和商人(尤其是钢铁出口商)形成了哈特党(Hat Party)，他们受惠于货币通胀和信贷扩张。他们的敌对方卡普党(Cap Party)则反对这些特权和货币通胀。1765年，卡普党上台，并实施了一轮伴随着价格通缩的货币通缩。为了让他们的通缩路线更受欢迎，卡普党倡议实施再分配政策[2]，宣称通货紧缩会弥补那些在此前的通胀时期蒙受损失的人。相

---

① 参见罗斯巴德(2006b，第218页)。
② 参见罗斯巴德(2006b，第219页)。

反，受益于通胀时期的人，即哈特党的富商们，则会受损。①

奇怪的是，克里斯蒂尔林是卡普党中少数反对通货紧缩的人之一。他写道：

> 当货币供应增加，价格很容易上涨，但让价格下降却更为困难。没有人愿意降低自己的商品或劳动的价格，除非销售惨淡迫使他这样做。正因为如此，在既定市场价格削减之前，工人们必定遭受贫困，工薪阶层的工作必被暂停。([1761] 1971，第90页)

克里斯蒂尔林提出的在工人们愿意降低自己的名义工资之前必须先忍受饥饿的观点颇有些极端。此外，他并没有解释为什么工人只在价格通缩期间要求超额工资，而非通胀期间。克里斯蒂尔林还提供了进一步的论据反对货币通缩。他认为，随之而来的价格通缩会有不良影响：库存增加、实际债务和破产增加、税赋负担增加、信贷危机、货币升值造成的出口衰退，以及通缩预期下的现金闲置。所有这一切将导致实际支出达不到应有水平。②他([1761] 1971，第91页)还指出，作为价格紧缩的结果，皇室的债务会增加，债务人将在价格通缩中受到损失。经济既得利益者在价格通缩中遭受损失，而会从货币扩张中受益。他写道："几乎所有地主、商人、铁匠和制造商都是债务人。"([1761] 1971，第92页)因此，克里斯蒂尔林希望稳定货币单位(瑞典克朗)价值。

然而，我们应该记住，克里斯蒂尔林对通货紧缩的判断和认知在

---

① 这并非必然如此，但作为对很多个案的历史判断可能成立。
② 参见汉弗莱(Humpfrey)(2004，第17页)。

古典经济学家中仅仅是个例外。比如，在《国富论》中，亚当·斯密描述了经济增长的原因，但没有说明随着经济增长，货币供应必然增加。斯密分析了劳动分工深化①或资本积累增加的优点，而没有评论潜在价格通缩的负面影响。②斯密还指出，随着商品数量增加而货币供应恒定，货币的价值增加。然而，他并未认识到这一过程会有任何问题。相反，他认为，因为这一过程，对劳动力的需求将会增加。③

和斯密一样，大卫·李嘉图对长期均衡价格感兴趣，并不关心短期价格通缩。例如，在《金块的高价》(The High Price of Bullion)中，他指出，任何水平的货币供应都是最优的，根本不存在货币短缺：

如果世界上作为货币使用的金银数量非常之少，又或者非常之多……他们的数量变化只会有一个影响，即会让他们交换的商品相对来说变得昂贵或者变得便宜。([1810] 2004，第53页)

他同样写道：

在任何国家，当交易数量因繁荣程度和工业水平的提高而增加时(金块保持相同价值，且经济中货币使用情况不变)，货币的价值会因其使用频率的增加而上升，并会持续高于金块的价值；除非货币数量增加，不管是通过增加纸币，还是通过铸造金块成为金币。这会导致出现更多商品买卖，不过是以较低价格的；所以，通过赋予每笔交易更

---

① 斯密(Smith)([1776] 1976)，Book I Ch. I。
② 斯密([1776] 1976)，Book II，前言。
③ 斯密([1776] 1976)，第356页。

高的价值，同样的货币仍将足以应付增加的交易。([1816] 2004，第56页)

在这里，李嘉图把注意力放在长期影响之上，并没有看到货币通缩或价格通缩的不良影响。对他这样的古典经济学家来说，货币是中性的。此外，李嘉图分析了国际贸易下劳动分工增加而引起的财富增长。在他的两国间国际贸易案例中，国际贸易商品的价格在两个国家都下跌了。①然而，李嘉图并没有把这当成一个问题来深入分析。李嘉图还讨论了更为充裕的资本②和机器③导致经济增长的案例。他认为，生产成本决定价格，而机器降低了生产成本，因而间接降低商品价格。④因此，虽然他谈到了价格通缩的原因(即经济增长)，但出于经验，他后来会在特定情况下反对货币通缩。法国古典经济学家让-巴蒂斯特·萨伊也遵循亚当·斯密和大卫·李嘉图关于劳动分工导致生产增长的观点(1845，第91页)，指出通缩效应是 "通过在相同或更少的生产费用下使产量变得更大，劳动分工使产品变得便宜。竞争很快会迫使生产者把价格降低"(1845，第93页)。萨伊显然也没有把增长型通缩视为一个问题。

总之，斯密、李嘉图和萨伊都讨论了可能导致价格通缩的影响过程(主要是经济增长)，而没有分析这是否会对经济发展构成损害。这有两种可能：第一种情况，要么他们没有看到通缩影响有任何问题，或者认为这样的问题并不值得讨论；第二种情况，他们更关注长期

---

① 李嘉图(Ricardo)([1817] 1973)，Chap. VII。
② 李嘉图([1817] 1973)，Chap. XXI。
③ 李嘉图([1817] 1973)，Chap. XXXI。
④ 李嘉图([1817] 1973)，Chap. XXX，XXXI。

"自然"均衡分析。他们分析不同的长期均衡状态，而不关注导致这些状态的市场动态调整过程。因此，没有讨论货币数量减少可能存在的"间接的"不良影响。

2.3.2　拿破仑战争之后

十八世纪末期，那些在价格通缩中蒙受损失的人希望通过一场信贷扩张(即货币通胀)来获利。因此，随着英国的信贷收缩，关于通货紧缩的新理论勃然兴起。1798年，为了应对法国入侵的威胁，英国取消了金本位。各银行持续扩张信贷，并增加新法币券的数量。一个人为的战时繁荣随之而来。战后，伴随着清算不当投资，加之重回旧况的预期，导致了一次强烈的价格通缩，通缩恐惧广泛传播。[1]许多曾经赞同重回铸币支付的经济学家改变了立场，开始反对通货紧缩。这当然符合既得利益者——主要是那些在战争通胀年间投资不当且与政治相关的公司——的利益，他们青睐宽松货币和通货膨胀。[2]因此，那些在战争时期过度扩张而负债累累的农业生产者强烈反对价格通缩并鼓吹货币通胀。比如，代表托利党(Tory party)和权势贵族地主的《评论季刊》改变了起初支持铸币支付的立场，转而攻击价格通缩。[3]

对于这一时期反对价格通缩的新论点，雅各布·瓦伊纳(Jacob Viner，[1937]1975，第185-186页)写道：

---

① 参见罗斯巴德(2006b，第203-205页)。
② 参见罗斯巴德(2006b，第204页)。
③ 参见罗斯巴德(2006b，第205页)。

那时有一种普遍的共识，即价格水平变化会导致专制和财富收入分配不公。一些新的理论也认为价格下降对财富和生产数量产生不利影响，而价格上涨可能为生产和财富累积带来好处，以弥补其不公平分配的影响，这使得价格下降尤为不受欢迎。这些论据至少部分地为战时通胀提供了合法性。

托马斯·阿特伍德(Thomas Attwood，1783—1859)和他的兄弟马蒂亚斯一样，是通货紧缩最早的"敌人"。他们两人都是伯明翰银行家，因而倾向于反对通货紧缩。①此外，两人都在家乡伯明翰担任"铁铜业代言人"。②他们的父亲老马蒂亚斯·阿特伍德是一位铁制品制造商。③因其制铁和军火业，伯明翰一直是战争时期的主要受益者。战争结束后，生产结构开始适应和平时期经济发展，这些行业陷入危机。

因此，托马斯·阿特伍德谴责价格下跌为严重的罪恶，并声称只能通过引入不可兑换的纸币并不断增加其供应来预防。④在《恢复繁荣》(*Prosperity Restored*，1817，第78-79页)一书中，他认为，在同一时间，当价格下跌并非适用于所有价格时，会抑制商业，这是因为债

---

① 银行家害怕价格通缩，因为它可能导致他们客户的贷款违约，因而出现损失。

② 参见罗斯巴德，(2006b，第205页)。

③ 参见费特(Fetter)，(1964，第Viii页)。

④ 大卫·莱德勒(David Laidler)，(2000，第17页)得出了类似结论，并解释了托马斯·阿特伍德以及与之相关的钢铁和农业利益集团的通缩厌恶："农业【在拿破仑战争后】再次面临着国外的竞争，而小型军火制造商和与之相连的金属加工贸易出现产品需求迅速萎缩。这样看来，或许可以认为，农业利益团体在议会的代表有时会试图阻碍恢复可兑换性和与之相伴的通货紧缩。既然金属加工集中在伯明翰，这一重镇成为反对的中心以及那个时代经济思想相当激进的主体，也就不足为奇了。所谓的伯明翰学派，在当时主要且肯定最有才干的代言人就是托马斯·阿特伍德。"

务人①问题和不利心理影响(财产信心下降)：

如果所有商品的价格突然普遍同比暴跌(若这一情况被充分认知)，那么债务的数额将同时同比例下降，这样的下跌有可能不会阻遏消费和生产，在这种情况下，它既不会造成重大害处也不会带来重大好处；但当这样的下跌以一种未被认知的方式发生时，债务没有任何相应的下降，这会产生恶果，摧毁对财产的一切信心，消弭生产的一切动力，或者打击以任何方式雇用的劳动力。②

他认为，出现货币通缩时，价格必然下跌，但工资不会减少，工人们会失业。他指出，工资只会在一个间隔之后下降，在"强烈痛苦"的压力之下，工人们终于能够接受更低的工资。随着产出和就业下降，发展出一个自我强化的恶性循环。③在推动其政策建议的最后努力中，阿特伍德对统治阶级进行了呼吁。在一封给利物浦伯爵的信中，他说到，价格通缩将导致民众痛苦和不满，而社会动荡可能会撼动皇室(阿特伍德，1819，第42页)。

约翰·惠特利(John Wheatley，1772—1832)给出了类似阿特伍德的观点。④惠特利视增长通缩(即经济发展引起的价格下跌)为正常现象。然而，他采用了粘性价格的观点，认为发生其他类型的价格通缩

---

① 再一次，阿特伍德在此是为了自己的经济利益而发声，他自己是一个债务人。正如费特指出："早至1836年，老马蒂亚斯·阿特伍德去世之时，阿特伍德家不只是在银行没有净资产，他们还深陷债务泥潭。"(1964，第Xxvii页)

② 引自瓦伊纳(1975，第186页)。

③ 参见汉弗莱(2004，第28页)。

④ 参见瓦伊纳(1975，第187页)。

是有害的。因此，他指出，工资、租金和税收不会下降，因为长期合同难以改变。这会对农民和制造商都造成不幸。[①]约翰·惠特利来自一个显赫的贵族将领及地主家庭。他染指西印度贸易，并经历过个人财务困难。[②]鉴于他的家庭背景，法兰克·费特推测，惠特利特别关注农业和地主的状况(1942，第369-370页)。

惠特利认为，价格下跌会比价格上涨更糟糕。不过，他认为由货币通缩产生的价格通缩才有问题，也就是目前普遍持有的观点，即存在着好的价格通缩(由经济增长产生的)和坏的价格通缩(由其他原因产生的):

> 当产品增加带来价格下降，而货币数量保持不变的时候，它们是好的；因为所有人维持和原来相同的收入，所有人都从富足中受益。但是，当价格降低来自货币减少，而产品数量保持不变的时候，它们是一种罪恶，因为只有那些可以合法地要求固定金额的人，才能获得相同的收入；而从农业和贸易中获取浮动收入的所有人，都会因它们的减少蒙受损失。当它们由产品增加引起，额外的供应会弥补价格不足，没有发生任何的收入减少。[③]

亨利·桑顿(1769—1815)担心在货币通胀之后人为引起的货币通

---

① C.C. 威斯顿(C.C. Western)，乔治·朱利叶斯·波利特·斯格诺普(George Julius Poulett Scrope，1797—1876)，托马斯·R. 马修斯(Thomas R. Malthus，1766—1834)和亨利·汤普顿(Henry Thornton，1769—1815)也使用了相似的粘性价格观点。关于这前三位，参见瓦伊纳(1975，第187页)。另见汤普顿([1802] 1978，第119页)。

② 参见费特(1942，第358页，第361页)。

③ 惠特利(1816)，A Letter to Lord Grenville on the Distress of the Country，第29页，引自费特(1942，第374页)。

缩。他指出，比起造成制造商不幸的价格向下，工资向下调整往往更刚性。工人们会认为，价格下降只是暂时的，因此不会愿意接受降薪。此外，桑顿提出了另外两个论点反对人为的货币通缩。[①]他认为，在货币通缩中，商人会限制购买，以恢复其业已下降的名义现金余额，从而对制造商产生抑制影响。然后，他提到了通缩产生的闲置引致的无效率。当生产商需要现金时，会突然在市场上把未售出的商品堆积起来甩卖。他甚至反对黄金通过价格-铸币流动机制流出，而建议英格兰银行通过发行银行券来对冲。[②]考虑到桑顿作为一个银行家的利益，他担心通货紧缩不足为奇。

乔治·朱利叶斯·珀勒特·斯克罗普(George Julius Poulett Scrope，1797—1876)[③]是另一位担心通缩的作者。他写道：

生产阶级普遍感到尴尬和窘迫的时代，伴随着……每个市场里所有商品的普遍过剩或明显过量，……是……一些人为干扰原因或其他原因引起的。普遍过剩——即大多数商品的价格普遍下跌到生产成本以下——相当于货币一般交换价值上升；这证明的并不是商品过剩，而是商品交换所必需的货币供应不足。([1833] 1969，第214-215页)

斯克罗普隐含假设生产要素价格是粘性的且无法下跌，而消费品价格会下跌。因此，商品价格会降到生产成本之下。从斯克罗普的角

---

① 参见汉弗莱(2004，第20-22页)。
② 参见罗斯巴德(2006b，第175页)。在著名的金块报告中，桑顿也认为要贬值英镑，以防止价格通缩。参见罗斯巴德((2006b，第195页)。
③ 乔治·朱利叶斯·珀勒特·斯克罗普是一位商人的儿子，和一个贵族家庭喜结连理。

度来看，这种情况的补救之道显然是增加货币数量。

即使像李嘉图或者爱德华·科普勒斯顿(Edward Copleston，1776—1849)这种强烈支持回归铸币支付的人，在纯金币本位问题上，也因为害怕通货紧缩而变得不那么坚定。科普勒斯顿强调价格下跌造成的农业困境。[①]李嘉图[②]最后赞同金块本位，对银行体系而言，这种金块本位比金币本位更容易膨胀，因为只有少数富裕的商人可以在交易中使用黄金，并用铸币来恢复自己的存款。[③]此外，李嘉图写道，他永远不会建议政府在通货强烈膨胀和贬值后恢复其原有水平。他在一段1821年9月18日写给约翰·惠特利的信中说道：

> 永远不会建议政府让一种已经贬值30%的通货恢复到原有水平；我会建议，如你所提议的(但方式不同)，应该通过降低标准，将通货固定在贬值后的价值上，并且不应该发生进一步的偏差。[④]

可以推断，李嘉图所反对的是突然、强烈的通货紧缩。[⑤]他认为30%的大通缩太过激烈，会因价格粘性带来负面影响。他并不认为微小而逐渐的通缩是危险的。[⑥]我们可以看到，在经历过紧随拿破仑战争的通货紧缩之后，即便是李嘉图这样一位回归派，也没有摆脱通缩恐惧症。

---

① 参见罗斯巴德(2006b，第209页)。

② 正如前文所述，李嘉图在长期分析中并非通缩恐惧者。只有在论及他那个时代的实际政策时，才变得有些通缩恐惧。

③ 参见罗斯巴德(2006b，第207页)。

④ 李嘉图([1821] 2004，第73页)。

⑤ 同样，让-巴蒂斯特·萨伊反对回归旧制。他使用了一个法律观点，指出如果他们必须回归旧制的话，债务人必然会付得比欠的多。参见瑞斯特(Rist)，(1966，第184页)。

⑥ 参见汉弗莱(2004，第23-24页)。

总之，在这一时期之前，几乎没有人特别担心过价格下跌的现象。理论家们显然没有把会造成价格通缩的金本位铸币流动放在心上。然而，有关金块主义者论战的文献提出了对于通货紧缩的新论点。在英国重返铸币支付之时，紧缩衰退下价格下跌，许多制造商和农业利益集团①赞成扩张性货币政策，出现了最早的通货紧缩理论。瓦伊纳同意这些后来的论点，支持这些理论家赞成不可兑换的纸币通货，以战胜金本位机制(1975，第217页)：

他们为独立货币本位带来的自由经济优势提供了有效且新颖的论点，如避免外部因素引起的通货紧缩(或通货膨胀)，应对内部因素引起的、并因生产要素价格普遍刚性向下加剧的通货紧缩，以及为一国提供最佳支付手段，而非使用超出其控制、外部因素强加的。

2.3.3　晚期观点

罗伯特·托伦斯 (Robert Torrens，1780—1864)是其中一位就通货紧缩进行论述的晚期古典学者。他担心，来自外国的保护性关税可能会导致国内价格通缩。在这种情况下，降低国内关税会因金属流失加剧价格的下行压力。他特别写道：

当一国因为国外竞争和恶意关税，而开始失去对部分贵金属的控制，并经历通货收缩，物价、利润和工资下降，以及税收减少，那

---

① 关于制造业和农业利益集团，参见罗斯巴德(2006b，第206页)。例如，有土地的贵族卡那封伯爵谴责1819年的恢复法案，也谴责降低农业价格，呼吁货币扩张和财政政策作为补偿。

么，降低那些来自维持恶意关税的国家之产品的进口关税，会引起更快的金属抽离，物价、利润、工资和税收进一步降低，从而加剧普遍贫困，随之而来的不是缩减，而是实际税收负担的增加。(托伦斯[1834] 1970，第28-29页)

因此，托伦斯赞成国内关税。他希望这些关税可以使贵金属回流，从而防止价格通缩。[1]

约翰·斯图亚特·穆勒(1806—1873)延续了传统，他讨论了经济增长的原因，并不担心增长通缩。1844年，他出面反对因产量、货币使用增加而应增加货币供应的建议。如罗伯特·皮尔所举的案例，他把这些建议称作降低标准(1844，第581页)。因此，他并不担心产品增长而货币供应不变时的价格通缩。此外，穆勒提到了劳动分工增加生产力[2]，并描述了大规模生产如何增加了生产力。[3]工业进步和人口增长使得生产成本下降[4]，并提及全球现状而没有担心价格通缩，并没有提到通货紧缩是一种威胁。

综上所述，我们可以在古典经济学中梳理出有关通货紧缩的两条思想脉络。其一是，斯密、李嘉图、萨伊和穆勒等作者并未把价格通缩视为问题，至少没有把它们视作值得在著作和论文中讨论的问题。其二是，休谟和克里斯蒂尔林等学者们对价格通缩则持批评态度；拿破仑战争之后的英国学者们也延续了这一判断，他们把价格通缩视为

---

① 参见汉弗莱(2004，第38-39页)。
② 穆勒[1848] 1965，Book I，chap. VIII。
③ 穆勒[1848] 1965，Book I，chap. IX。
④ 穆勒[1848] 1965，Book IV，chap. II。

有害的事。这条思想脉络的逻辑受到了那个时代特定历史事件的启发，有些人甚至和那些在价格通缩中遭受损失的团体有私人联系。

2.4　新古典主义

2.4.1　早期观点

阿尔弗雷德·马歇尔(1842—1924)延续了古典经济学家的脉络。与李嘉图和斯密一样，马歇尔在其理论分析中关注长期均衡。只有在写到经济进步和成本下降时[①]，他才间接提到了价格通缩，但他并未谈及与经济进步和成本下降的相关问题。因此，人们可能会认为马歇尔没有看到任何价格通缩会导致的问题。

在早期新古典理论中，克努特·维克塞尔(Knut Wicksell，1851—1926)在一生的不同阶段，信奉不同且明显不一致的通缩理论。在他的著名文章《利率对价格的影响》(The Influence of the Rate of Interest on Prices)中，维克塞尔阐明了其通胀和通缩理论。当银行部门把利率降到正常水平(即现有利润率或自然利率)之下，信贷扩张随之出现，价格会上涨。相反，当银行部门把利率提高到自然利率之上，所有价格都将继续下降。价格下跌是因为信用受到限制，企业家用于购买生产要素的钱变少。换言之，信贷收缩随之而来。

---

① 马歇尔(Marshall)1920，Book VI，Chap. XII and XIII。

维克塞尔对价格通缩的评价自相矛盾,并随着时间而变化。[①]他似乎在通货紧缩问题上并没有坚持一致的观点。一方面,他认为通货紧缩导致商业停滞、失业和工资下降([1898] 1968,第2-3页)。但他也指出,可能的话,通货紧缩最重要的影响是体现在税收上。1908年,他认为,价格水平下降会干扰企业家精神,并摧毁许多公司。

另一方面,维克塞尔认为,当所有经济合同都在考虑之内时,已公布和完全被预期的通货紧缩不会有实际影响。此外,意料之外但逐渐发生的通货紧缩也不会对经济产生太大干扰。[②]第一次世界大战之后,他赞同把瑞典带回"一战"前金本位的通缩政策。他借鉴1873—1896年价格通缩和经济繁荣长期共存的经济史分析指出,货币价值恒定对各种合同至关重要。他从经济史中获取资源,指出1873—1896年,价格通缩和经济繁荣长期共存。或许是受了伊莱·赫克歇尔(Eli Heckscher)[③]批评的启发,他认为,只有债务缠身的公司会在一般的价格通缩中遭受实际损失。维克塞尔严厉批评价格通缩会通过工资粘性造成失业的观点。他认为工人们知道普遍价格下降,会愿意接受名义工资的削减。工资不会比其他价格更刚性。

经过1921—1922年的瑞典经济萧条,维克塞尔对通货紧缩的观点再次变得负面。他认为,一个完全在预料之中的通货紧缩会是中性的。然而,随着时间的推移,他看到了更多通货紧缩的实际问题,如破产和囤积的影响,因而,建议把所有资金合同按物价指数调整。

---

① 关于维克塞尔对通货紧缩的处理,参见拜厄诺夫斯基(Bioanovsky)1998。
② 根据古斯塔夫·卡塞尔,已公布的通货紧缩无法逐步进行,他声称当中央银行宣布一项这样的政策,需求会立即缩减,价格加速下降。中央银行会对进程失去控制。参见拜厄诺夫斯基(1998),第248页。
③ 参见拜厄诺夫斯基(1998)。

这个时期的特例是西尔维奥·格塞尔(1862—1930)，他在自己的危机理论中，"预见"了凯恩斯理论的出现：当生产增加时，货币存量没有增加，价格趋于下降。随着对货币通缩预期的提高，货币被囤积起来或是"埋起来"。因此，对商品的需求下降而经济危机开始。

格塞尔警告说，防止经济危机必须永远不允许价格下降(2003，第150页)。为了实现这一点，格塞尔提出了他著名的"自由货币"(Freigeld) (2003，第179-240页)。这种自由货币是一种不可兑换的纸币，每周损失0.1%的价值。通过该措施，格塞尔认为，因为这些货币正在失去价值，个人将不再把货币囤积在家里，而是尽可能快地把它们花掉，因此防止了危机。于是，政府的发行机构将可以轻易稳定价格水平(2003，第187页)。

2.4.2　通货紧缩与生产力标准

一些重要的理论家没有看到经济增长可能产生的价格通缩问题，我们称之为生产力标准理论家。他们认为，价格水平变化应该考虑生产力的变化。[①]当生产力下降，物价应该以上涨作为回应，而当生产力上升，物价则应该随之下跌。塞缪尔·贝利(Samuel Bailey，1791—1870)作为早期生产力标准支持者[②]，认为源于货币原因的价格水平变化是有害的，并会导致再分配不公，而生产力变化下的再分配则不会如此。后来阿尔弗雷德·马歇尔(1842—1924)、弗朗西斯·埃奇沃

---

① 参见塞尔金(Selgin)(1995，第707页)。
② 这意味着生产力标准回到了古典经济学的时代。本段讨论它是因为在古典经济学里，生产力标准仍然扮演着重要角色。

思(Francis Edgeworth，1834—1926)和罗伯特·吉芬(Robert Giffen，1837—1910)也接受了生产力标准，但并不认为由经济增长造成的价格下跌有任何负面影响。[1]其他生产力标准的捍卫者有拉尔夫·霍特里(1879—1975)和丹尼斯·罗伯逊(1890—1963)。霍特里认为，价格指数应该反映实际生产成本的变化。否则，价格将欺骗企业家，并可能导致经济繁荣或萧条。生产力上升而价格未下降，将导致对企业家无根据的鼓励。此外，霍特里认为，没有理由用货币政策把拿固定收入的人排除在生产力增长之外。[2]阿瑟·庇古(Arthur Pigou，1877—1959)[3]同样认为，因为生产力造成的通货紧缩对行业发展不存在问题，从债务人到债权人的再分配也没有任何不公之处。[4]

可以看出，生产力标准有许多追随者，特别是在19世纪和20世纪初。然而，凯恩斯革命之后，越来越少的经济学家支持生产力标准。相比之下，支持零通胀或价格水平恒定的经济学家数量变得更多，我们会在下一章节进行讨论。最近，乔治·塞尔金(1997)重新发现了生产力标准。在这方面，生产力标准理论家和自由银行理论家密切相连，而后者是奥地利学派的组成部分。因此，自由银行理论家是这一传统的学术继承人。他们还认为，经济发展产生的价格水平下降并不危险，并建议通过增加货币供应来抵消对货币需求的增加或货币

---

① 参见塞尔金(1995)。
② 参见塞尔金(1995，第714-715页)。
③ 参见塞尔金(1995，第717页)。
④ 庇古在通货紧缩理论中扮演了另一个重要角色，"庇古效应"便是以他命名。在1943年的文章《经典静态》(The Classical Stationary State)中，庇古声称如果价格水平下降，定义为政府债券和货币供应除以价格水平的真实财富会增长。经济主体感觉变富("财富效应")，会增加消费并因而刺激产出和就业。庇古效应意在批评凯恩斯的《通论》。通过价格通缩和"财富效应"，一个经济体会在总需求下降时自我恢复。

流速的变化。

2.4.3　物价稳定与通货紧缩

有许多作者间接反对价格通缩，他们支持普遍物价稳定。这样的支持者包括克努特·维克塞尔(1851—1926)，古斯塔夫·卡塞尔(Gustav Cassel，1866—1945)，欧文·费雪(1867—1947)，约西亚·斯坦普(Josiah Stamp，1880—1941)，约翰·梅纳德·凯恩斯(1883—1946)(至少在其某些著作中)，卡尔·斯奈德(Carl Snyder，1869—1946)，乔治·沃伦(George Warren)和弗兰克·皮尔森(Frank Pearson)，以及当代经济学家如罗伯特·巴罗(Robert Barro)，罗伯特·布兰克(Robert Black)，凯文·多德(Kevin Dowd)和罗伯特·黑泽尔(Robert Hetzel)。[1]他们认为，稳定产出价格对稳定宏观经济来说是必需的，即物价稳定对理性的经济行为必不可少。

关于物价稳定或零通胀，有五个基本观点。[2]首先，意料之外的物价变化将导致不公正的财富再分配。其次，物价下降将损害企业和企业家品质[3]，因此应该用扩张性货币政策来预防。第三，当价格改变时，会出现"菜单成本"，价格稳定则被认为会使"菜单成本"最小化。第四，预测价格水平很应景，在零通胀标准下完全可行。稳定价格水平可以降低长期不确定性。因此，经济主体可以更好地依靠固定

---

① 参见塞尔金(1995，第705页)。根据许尔斯曼(2006，第72页)，圣托马斯·阿奎那是第一位要求稳定货币购买力的哲学家。

② 参见塞尔金(1995，第706-707页)和多德(1995)。

③ 译者注：entrepreneurship一词此前常被译为"企业家才能"或"企业家精神"，根据-ship这个词根的含义，我们将其翻译为更贴切的"企业家品质"。

货币合同，而不必担心不可预知的货币购买力变化。第五个观点，即货币误解的危险。现代价格稳定的拥护者们，或零通胀主义者已经把重点放在了"货币幻觉"上。货币幻觉中，经济主体混淆了一般价格变化和相对价格变化。为了避免货币幻觉，零通胀主义者想要完全避免价格水平的变化。

关于物价稳定，还有一些观点。工业家和银行家约西亚·斯坦普(1932，第5页)认为，价格水平稳定可以解决(他那个时代)最紧迫的社会问题。沃伦和皮尔森写道："在一切人际关系之中，一个最重要的问题便是建立可靠的衡量标准。"(1933，第150页)考虑到价格变化造成的再分配问题，"解决价值衡量的问题，将有助于在人与人之间建立起和平关系"。(1933，第151-152页)从物价稳定性的观点出发，随之而来就是应该预防价格通缩。这些作者也拥护预防通货膨胀，但似乎他们中的一些人认为，价格通缩比价格通胀还糟糕，因而赞同推动价格稳定政策。[1]沃伦和皮尔森写道："任何给定的通货紧缩都比等量的通货膨胀严重。"(1933，第180页)毫不奇怪，这些作者试图预防所有价格通缩，不管其原因。因此，沃伦和皮尔森明确讨论了生产力提高造成的价格通缩的所谓负面影响(1933，第156页)。

现在让我们转向物价稳定理论的先驱：欧文·费雪。他把"相对通缩"定义为货币流通相对商品流通减少，并且价格水平降低(1928，第35页)。而"绝对通缩"则是人均货币流通减少(1928，第38页)。费雪认为，美元作为货币标尺——和一切标准一样——必须保持不变。因此，他认为通货紧缩和通货膨胀同样有害。他把债务人和债权人的

---

[1] 约西亚·斯坦普(Josiah Stamp)便是一例(1932)。

再分配称之为社会不公。他认为，这种再分配和银行劫案中发生的再分配是一样的。他还宣称，当商人用恒定美元计算利润时，会发生货币幻觉。因此他认为，在通货紧缩中，企业家会不适当地收缩其业务，工人会因此失业(1928，第97页)。此外，他认为，商业问题和失业会导致社会以罢工、破坏、骚乱、暴力等形式表示对经济产出负面影响的不满(1928，第98页，第103页)。

在其《大萧条的债务-通缩理论》(Debt-Deflation Theory of Great Depressions)一文和《100%货币》(*100% Money*，[1935] 1945)一书中，欧文·费雪呈现了他著名的债务通缩理论。他认为，新机会(比如新技术发展)产生的陶醉感，伴随着持续利润的预期，会造成过度负债。这种过度负债往往会导致清算，要么是警告债务人，要么是债权人，甚至两方。九种后果将随之发生：1)债务清算造成的廉价抛售；2)随着偿还银行贷款和货币流通速度降低产生的银行信贷收缩；3)廉价销售和银行信贷收缩造成的普遍价格水平下降；4)破产及企业净值下降；5)利润下降；6)后果则是产出和贸易减少，失业上升；7)悲观和缺乏信心；8)随后的囤积和进一步的货币流通速率降低；9)扰乱利率，即名义利率下降和实际利率上升(1945，第122-123页；1933，第1页)。在恶性循环的过程中，债务和通货紧缩相互强化。债务清算会使价格通缩加剧，而价格通缩使偿还债务变得更加困难。尽管欧文·费雪为我们提供了一系列反对价格通缩的闪亮观点，并发展出其富有影响的债务-通缩理论，但费雪在货币通胀上却有着强烈的个人利益。①大萧条时期，他煽动通货膨胀，不止是为了恢复股价，也为了能够偿还自己的

---

① 参见罗斯巴德(2002，第453-456页)。

债务，还有拯救他妻子的家庭财产——主要是在美国大公司联合化学上的投资。事实上，他本可能会被债务-通缩毁掉。

利兰·B. 耶格尔(1986)这样的货币失衡理论家也发表了类似的观点。[①]根据耶格尔，给定价格水平下(视为刚性)，当出现货币短缺或过剩的时候，会发生货币失衡的情况(1986，第370页)。耶格尔认为，在货币失衡的情况下，价格将发生变化，而"这些价格变化趋向于纠正或防范货币失衡，但不会也不可能足够及时并完全地吸收货币变化的全部影响而因此避免数量变化"(1986，第373页)。

耶格尔提出了为什么价格不会立即变化的三个原因：首先，存在固定货币合同，比如工资和债务合同，它们无法被轻易改变。其次，存在着对应于谈判新货币价格的"菜单成本"，这让价格在短期具有粘性。第三，卖家可能不愿意降低(或改变)价格，并不会轻易明白为什么他们应该接受较低价格。耶格尔指出这种带头向下调价是公共品的特征(1986，第376-377页)。卖家甚至可能已经意识到了货币失衡的情况(比如货币短缺)，即那价格必须下降以纠正失衡。但没有卖家愿意首先下调他自己的产品价格，而是宁可别人先把价格降低。

耶格尔认为，通过避免这些货币失衡和价格水平调整，可以减小或避免干扰宏观经济。因此，必须在某种程度上控制货币的名义存量，让物价水平保持恒定。

---

① 另一个案例是克拉克·沃伯顿(Clark Warburton)。参见卡吉尔(Cargill)，1979，第439-440页。沃伯顿声称，物价尤其是工资，在短期是粘性的。货币供应减少或未能适应货币供应的流速减慢，意味着支出减少。粘性工资会导致商业利润降低，并导致总支出进一步减少。

2.4.4　凯恩斯论通货紧缩

现代通货紧缩理论始于约翰·梅纳德·凯恩斯(1883—1946)。事实上，他并没有提出太多反对通货紧缩的新观点。相反，他沿用并组合了旧观点，建立起一条后来被称为流动性陷阱的推理路径①。

凯恩斯的职业生涯始于《货币改革论》(A Tract on Monetary Reform，1923)，从一开始，凯恩斯就是通缩恐惧症患者。在其著作中，我们几乎可以发现所有反对通货紧缩的重要观点。首先，他认为价格通缩将导致不公正再分配，伤害借款人([1923] 2000，第39页)。毫无疑问，凯恩斯理解在价格通缩中发生的再分配，强调价格通缩总是"涉及从社会其余部分到食利阶级的财富转移……尤其是，它涉及从所有借款人(即贸易商、制造商、农场主)到出借人的转移"。②他似乎暗示借贷的经济功能比起生产或其他商品贸易，不那么具有生产力。有趣的是，在再分配的背景下，他以"政府的囊中羞涩和债务阶级卓越的政治影响力"解释了历史上处于价格通胀的时间多于处于价格通缩的时间这一事实([1923] 2000，第9页)。从利益集团的角度来看(不管是债台高筑的政府，还是有权有势的债务阶级)，凯恩斯显然清楚为什么世界经历了价格通胀，价格通缩不符合他们的利益。

其次，他([1923] 2000，第144页)认为，每个人都会尽力尝试推迟支出。第三，当他认为企业和社会抑制了价格快速的下降，也就是粘

---

① 流动性陷阱的概念是在希克斯(Hicks)1937年的经典文章Mr. Keynes and the Classics: A Suggested Interpretation中正式成型的。然而，流动性陷阱一词是由丹尼斯·罗伯特森(Dennis Robertson)首先提出的。参见拜厄诺夫斯基(Boianovsky)，2004，第92页。

② 凯恩斯([1923]，2000，第143页)。

性价格的观点([1923] 2000，第161-162页)，在《通论》中，他认为工资是粘性的([1936] 1964，第232-233页)。

第四，他认为，通货紧缩"意味着通过诱使**企业家**限制生产以避免损失，而使劳动力和企业陷入贫困；因此造成就业的灾难"。①凯恩斯认为，价格通缩预期会阻碍生产，原因有二。第一，提高了真实利率。由于必须偿还的货币有了更高的购买力，因此借贷的实际成本增加。第二，生产需要时间，而价格持续下降，企业为生产要素支付更高、仍然刚性的价格，而在更低的新价格进行销售，造成损失。因此，当预期出现通货紧缩时，生产会受到抑制([1923] 2000，第32-37页，第144页)。相比其他认为预期内通缩危害较小的观点，凯恩斯的判断截然不同。

第五，凯恩斯认为，通货紧缩会导致社会不稳定。②1931年，凯恩斯又再次提醒，价格通缩的另一个后果即"威胁了整个金融结构的稳固"(1931，第176页)，今天看来，这一观点何等"时尚"。

凯恩斯认为价格通缩比价格通胀更有害，"因为在一个贫穷的世界里，激怒失业人员比让食利者失望更糟糕。"③

1930年在《货币论》中，凯恩斯延续了他对通货紧缩的反对，重复了价格通缩会比价格通胀更有害的观点：

因此，无论是经济学家还是银行家，在他们的头脑中都不甚清楚因果过程，货币数量的减少最终导致在更低货币收入水平和价格水平

---

① 凯恩斯([1923]，2000，第39页)。
② 参见凯恩斯[1923]，2000，第143页)；另见凯恩斯([1925] 1963，第247页)。
③ 参见凯恩斯([1923]，2000，第40页)。另见第4页。

上的新均衡，而他们一直太过倾向于简单地考虑通货紧缩。(1971，第244页)

其分析的结论是："我怀疑他们是否正确：那些相信一段时期的通货紧缩通常会比一段时期的通货膨胀危害更小的人。"(1971，第245页)凯恩斯认为，如果货币供应或流速下降，投资会降到低于储蓄的水平。意外损失发生，诱使企业家降低他们在生产要素上的花费，因此这些要素所有者将进一步降低利润或增加损失。价格继续下跌，当投资终于和储蓄相等的时候，下降过程结束(1971，第241-245页)。

受大萧条影响，凯恩斯继续着反通缩的道路，在1936年出版了《通论》。[①]他对走出大萧条的建议显然是反通货紧缩的，这在他为扩张货币供应和鼓励扩张性财政政策的背书中一览无遗。[②]在《通论》中，凯恩斯认为，在经济增长的情况下，有两个选项：要么允许价格下跌而保持工资稳定，要么允许工资上涨而保持价格稳定。他认为，第二个选项在避免失业、减少债务负担和提供心理激励(因为名义工资在不断上涨)上有优势。

凯恩斯重温了了重商主义囤积理论，他认为，囤积导致有效需求(消费和投资支出)不足，失业均衡盛行。[③]当突然出现信心危机的时候，个人将不会把收入的较大部分花费在投资或消费上，而仅仅是"囤

---

① 参见凯恩斯([1936] 1964，第271页，第291页)。
② 参见斯基德尔斯基(Skidelsky)，2002，第99页。
③ 参见凯恩斯(1964，第30页)。

积"货币。换言之，"囤积倾向"或流动性偏好增加。①通过货币乘数，这会有"灾难性、累积性、深远的影响"(凯恩斯 1964，第161页)。因此，凯恩斯为反囤积理论辩护，这些理论认为现金需求增加应该为经济危机负责。通缩危机中，货币政策无法刺激经济，因为货币被贮藏起来，而名义利率已经接近于零。因此，他成了著名的反通货紧缩流动性陷阱观点之父。

2.4.5 弗里德曼论通货紧缩

在分析当代通货紧缩理论之前，我会先转到诺贝尔奖得主、经济学家米尔顿·弗里德曼(1912—2006)那里。

从弗里德曼关于大萧条的著作中，可以推断出其观点。弗里德曼担心货币通缩，他把大萧条的货币通缩视作其严重性的主要原因。②根据弗里德曼的观点，美联储没有尽力防止货币供应减少，而是允许货币供应收缩。美联储允许银行发生银行挤兑，且没有通过授予信贷或公开市场购买来为它们提供足够的流动性，导致了银行倒闭以及货币供应减少。由于货币供应进一步下跌，商家无法获得贷款用于投资，或是随着贷款未获续期而破产。弗里德曼声称，美联储的消极政策使得大萧条变得更糟糕，否则，股市崩溃之后出现的仅仅会是一次衰退。对他来说，必须防止货币通缩。

---

① 参见凯恩斯(1964，第207页)。后来这一概念以流动性陷阱而为众人所知。对凯恩斯来说，流动性偏好和对窖藏的偏爱本质上是一回事(1964，第208页)。

② 参见弗里德曼(1968，第3页) 或弗里德曼和施瓦茨(Schwartz)，(1971，第407页)。

2.5　当代通货紧缩理论

2.5.1　部分准备金自由银行学派

奥地利经济学的部分准备金自由银行学派提出了一种当代通货紧缩理论。这些经济学家基本上都是生产力标准的现代支持者。比如，乔治·塞尔金(George Selgin，1997)认为，通货紧缩是有益的，对经济并没有害处。经济增长造成的价格通缩对经济不构成问题。由商品方而非货币方造成的货币购买力的任何变化，不应该被货币政策阻碍。[①]生产力变化引起的价格变化包含着与投入产出价格相关的重要信息，而反向的货币政策会破坏这些价格信号的准确度(1997，第23页)。因此，他写道："……应当允许价格水平变化，以反映商品单位生产成本的变化。我把普遍价格水平根据个体价格变化的原则相应调整的模式称之为'生产力标准'。"(1997，第10页)

生产力导致的价格变化不应该被抵消，而货币流速变化所造成的价格通缩应该通过调整货币数量来抵消。塞尔金接着说："在生产力标准之下，(零通胀情景下)应该防止速率变化通过抵消货币供应调整来影响价格水平。"(1997，第10页)他补充说，生产力标准

[①] 与零通胀主义者的观点，即不管原因如何都要减少总体价格水平的任何变化相比，塞尔金的立场有所不同。

"呼吁货币扩张，以防止与要素生产力进步出现不一致的任何通货紧缩"(1997，第59页)。之所以如此，是因为货币速率变化引起的总需求变化可能导致货币误解。例如，经济主体可能误解，是因为对他们提供的商品和服务的真实需求下降，造成货币流通速率降低，从而导致价格水平普遍下降。

史蒂芬·霍维茨(Steven Horwitz)更详细地解释了为什么货币流通速率降低和货币需求增加应该被货币供应的增长所抵消：

> 价格水平下降，企业会发现有意想不到的库存累积，这意味着所需储蓄(持有黄金)不等于所需投资。为了使所需储蓄和投资都恢复，不应继续增加货币供应。……存在价格下行的压力，禁止完全价格弹性，产出和就业下降。自由银行理论家认为，自由银行会通过更多负债对这一需求增长作出回应，从而防止产出和就业下降。(2000，第227页)

> 霍维茨，像塞尔金一样，认为货币需求上升的情况下，存在着生产者首先降低自己价格的囚徒困境："给定工资粘性，首先降低自己的价格不符合生产者利益……发现新的合理价格水平是一个门格尔意义上的发现过程，而不是一个瞬间转移。"(2000，第229页)

总之，部分准备金自由银行理论家们并不担心增长通缩，但担心货币需求增加所导致的价格通缩或现金堆积通缩。比起许多建议防止任何价格通缩的经济学家，自由银行家和生产力标准的支持者对通货紧缩的态度更宽容。然而，除了增长型通缩，自由银行家们建议抵消其他类型的通货紧缩。他们提供的解决方案是自由银行部分准备金制度(Selgin，1997，第67页)。

2.5.2　流动性陷阱理论

在主流经济学中，当代通货紧缩理论有两大派系。第一派经济学家受凯恩斯主义理论影响，如本·伯南克、拉尔斯·E. O. 斯文森、马文·古德弗兰德(Marvin Goodfriend)和保罗·克鲁格曼。他们担心价格通缩可能会把经济推入流动性陷阱之中，并反对所有类别的价格通缩。这代表着最纯粹的通缩恐惧症。第二派有克劳迪奥·博里奥(Claudio Borio)、安德鲁·费拉尔多(Andrew Filardo)、迈克尔·波尔多(Michael Bordo)、约翰·L. 莱恩(John L. Lane)和安吉拉·瑞迪施(Angela Redish)①这些代表人物。受芝加哥学派影响，他们以自由市场为导向。这一派区分两类通货紧缩：好的通货紧缩和坏的通货紧缩。

第一派理论家担心流动性陷阱，认为通货紧缩"很少是良性的"，会导致出现价格和产出的通缩螺旋，即使源于积极的供给冲击也是如此。②斯文森(2003，第145页)指出，应该避免流动性陷阱和通货紧缩的观点毋庸置疑。根据这一观点，意料之外的负需求或供给冲击可能造成衰退和通货紧缩。同样，逐步实现或预料之中的负需求冲击，如资产价格泡沫破裂、对政府政策的疑虑，或者对期望过于乐观的修正会降低通胀和产出及其预测值(斯文森 2003，第146页)。在这种情况下，央行应该降低利率，以刺激总开支。然而，在价格通缩中，

---

① 有一本坚持这一传统的精选论文集，参见伯德金(Burdekin)和斯克劳斯(Siklos)(2004a)。好的通货紧缩是正向供应冲击造成的，而坏的通货紧缩是负向需求冲击造成的。特别参见伯德金和斯克劳斯(2004b)以及波尔多和瑞迪施(Redish)(2004)。

② 参见库玛尔等，(2003，第5页或第9页)。在第12页，这些作者指出，经济增长造成的临时价格下跌可能不会明显影响成本。这似乎意味着即便是正向供应冲击，也可能存在很高的成本。

名义利率已经非常低了；也许不可能把利率降到足够低，因为名义利率不可能降到零以下。如担心的那样，央行已经"黔驴技穷"。实际的借贷成本将在一个比刺激经济所需更高的水平上。

流动性陷阱理论家宣称，传统货币政策对这种局面无力回天。央行可以从公众手中购买债券，并扩大货币供应，但公众将持有他们收到的货币，而不是花掉它们。在名义利率为零的情况下，债券和货币实质上被视为完美的替代品。于是，衰退和通货紧缩被延长。换言之，经济陷于一个流动性陷阱之中。货币政策的无效被视作通货紧缩的主要威胁。[1]在通过扩张货币供应寻找摆脱流动性陷阱的出路上，人们花费了相当大的努力。[2]这些建议意味着赋予政客们花更多钱的权力。因此，政治家们须认真对待并采纳流动性陷阱理论家的观点，以避免通货紧缩的威胁。这给了他们一个增加开支并扩张货币供应的借口。

除了流动性陷阱问题之外，斯文森指出了长期通货紧缩的其他不良后果：1)由于公司的实际债务增加，破产增加；2)商业银行资产负债表恶化产生的金融不稳定；3)名义工资向下时的失业。[3]库玛又增加了另一点：随着抵押物失去价值，信用中介可能被通货紧缩扭曲了(2003，第5页)。所有这一切都可能会导致通缩螺旋的产生，因为价格下降导致预期价格进一步下降和总需求进一步减少。因此，这些理论

① 参见库玛尔等，(2003，第13页)；克鲁格曼(1998，第137页)。
② 参见克鲁格曼(1998)；古德弗兰德(2000)；斯文森(2003)；以及雷(Leigh)(2004)。
③ 斯文森(2003，第147页)；应当指出，通过批评通货紧缩的负面结果，斯文森反对了所有类型的通货紧缩。比如，正向供应冲击，或者更准确地说，连续经济增长，也可能导致长期价格通缩。

家们主张应当有一个能够缓冲价格通缩危险的适度通胀率。[①]

2.5.3　好坏之分

另一些当代通货紧缩理论家受到芝加哥学派的启发，以自由市场为导向。因为这些经济学家有时把通货紧缩视作好的，其他时候则是坏的，他们可以被称作好坏之分通货紧缩学派。在一定程度上，好坏之分通货紧缩学派平反了通货紧缩。因此，一份和流动性陷阱理论家们相反的评估报告认为，温和的通货紧缩不会总是比温和的通胀更为有害(Borio & Filardo，2004，第1页)。在他们看来，通货紧缩有两个基本原因。[②]其中一个原因是经济增长或正面的总供给冲击。加之强劲的金融部门，引发高利润、资产价格，以及工资上涨。他们认为这种通货紧缩是好的通货紧缩。另一个原因是非垂直供应曲线的负需求冲击。因为这些负需求冲击会对产出产生负面效应，这种类型的通货紧缩被认为是坏的通货紧缩。此外，这些理论家认为，当通货紧缩在意料之外的时候，只会产生消极后果。[③]

---

① 例如，斯文森(2000，第30页)，所谓价格通缩的负面效应为把通货膨胀目标从0%变成2%提供了理由。克鲁格曼(1998，第161页)甚至声称，当一个经济体深陷流动性陷阱，是因为"经济需要通货膨胀"才会这样。他建议日本采取15年4%的价格通胀率(第181页)。

② 参见波尔多，莱恩(Lane)和瑞迪施(2004，第15页)。这是这两组人的主要区别。流动性陷阱组并不区分价格通缩的原因，相反，指出"在所有情况下，通货紧缩都是总需求崩溃—支出严重下滑，生产者必须不断降价以寻找买家——的副产物"伯南克(2002，第2页)。

③ 托马斯·萨金特(Thomas Sargent)和尼尔·华莱士(Neil Wallace)(1976，第175页)这样的理性期望理论家喜欢声称，完全意料之中的价格变化不会对真实经济活动有任何影响，不会对经济活动产生不良影响。如果公众"被告之以恰当数据和客观概率分布"，他们的期望是"理性的"(第175页)。预料之中的通货紧缩对经济发展是"中性的"，这一观点今天被广泛认知。

博里奥和费拉多甚至区分了三种类型的通货紧缩："好的、坏的和丑陋的。"[①]好的通货紧缩是生产力增长造成的，坏的通缩是名义刚性造成的，而丑陋的通货紧缩以自我强化的螺旋扰乱经济。

从这些经济学家关于优化通缩率的主张中可以推断出，他们对价格通缩更宽容(2005，第804-806页)。在考察过米尔顿·弗里德曼关于负的最优通货膨胀等于真实利率的说法后，他们指出了通货紧缩的缺点，如价格粘性、名义工资缺乏弹性、再分配损失和金融稳定性的丧失。在琢磨这些观点之后，他们写道："一般来说，最优通胀率应该降低，甚至低至适度通缩。"(第806页)因此，他们认为适度价格通缩对一个经济体来说可能是最适合的。当然，流动性陷阱理论家们永远不会同意这一立场。

2.6　结论

在价格通缩的时代，通货紧缩理论勃然兴起。对通货紧缩最早的研究始于瑞典在18世纪的经验。在英国从1797年至19世纪30年代暂停铸币支付的时期，一连串的研究接踵而至。后来，在19世纪下半叶的价格通缩期间，这一话题被再次提出。[②]第一次世界大战后，各国实行紧缩货币政策，瑞典和英国再次推动了相关讨论。而后，大萧条时

---

① 参见波尔多和费那多(2004，第7页)；以及(2005，第1页)。
② 参见章节5.1.7。

期，凯恩斯完成了对通货紧缩的挑战，新的反通缩高潮出现。第二次世界大战后，价格通缩成为经济学理论家们研究的主要问题，他们曾经视通缩为异类。随着日本的价格通缩，以及对欧美可能出现价格通缩的恐惧，这一情况已然改变。

这些理论往往在通缩时期得以发展，考虑的都是在这些时期受到损失的个人的问题。事实上，通货紧缩理论有时会被利益团体所左右。对通货紧缩负面的理论兴盛于有人迫切想要货币通货膨胀的时候，因为过度负债的企业、银行和政府害怕价格通缩。20世纪之前，一些反通缩经济学家与利益团体及经济既得利益有联系。在20世纪，国家成为最大的债务人，而多数职业经济学家常是政府雇员或与政府有牵扯。此外，大多数货币经济学家是货币当局或中央银行或者银行的雇员，自然而然，他们害怕价格通缩。同样，许多研究货币经济学的大学教授从代表货币当局利益的研究项目那里得到部分资助。考虑到这些因素，对通货紧缩持普遍负面观点也就不足为奇了。

为什么经济学家们对通货紧缩的评估变得越来越负面呢？其中一个原因，可能是在20世纪之前，经济增长导致的价格通缩都很普遍。这种通缩受到广泛赞誉，并能被大家观察到。这种情况下，宣称它有害将更为困难。然而，在我们这个持续价格通胀的世界里，对通货紧缩的评估已变得更加负面。

人们也可能试着根据通缩恐惧症来对现代理论家进行分组，而不是按时间顺序进行排序。对通货紧缩最恐惧的理论家，如凯恩斯主义倾向的理论家们，想要避免任何类型的通货紧缩，并建议正通胀率。通过建议正通胀率，以确保价格通胀率不会离零太近。他们看到价格通胀和价格通缩效应的不对称。价格通缩自然就被认为比价格通胀糟糕。

接下来是价格稳定理论家，他们也建议避免任何类型的通货紧缩。然而，他们不像凯恩斯主义者那么恐惧通缩[1]，并主张零价格通胀率。他们认为价格通胀和价格通缩都是坏的。他们对通货膨胀和通货紧缩的评估不存在必然的不对称性。

好坏之分通货紧缩理论家认为经济发展造成的价格通缩是好的，而其他类型则是坏的甚至是"丑陋的"，生产力标准理论家们也持有类似的立场。如果它是由经济增长所造成的，他们允许一个负的价格通胀率，也即价格通缩。如果它是由货币需求增加造成的，他们则建议防止价格通缩。如果它发生在他们支持的体系里，来自部分准备金自由银行学派的生产力标准理论家们并不担心货币通缩。实际上，在货币需求下降时，他们推荐货币通缩。

米塞斯传统下的奥地利学派经济学家构成了对通货紧缩最宽容的一组。他们并不认为经济发展和货币需求增加导致的价格通缩存在问题。然而，在某些情况下，他们认为货币通缩是有害的，并想要预防那些引发通缩的货币改革(参见巴格斯，2003)。

在这个综述里，我并未对奥地利学派通货紧缩理论作太多详细说明。然而，在接下来的章节中，我会在奥地利学派理论框架内，建立一套包含前因后果的通货紧缩理论。我们将会看到，奥地利学派通货紧缩理论明显不同于在本章中讨论过的通货紧缩理论。

表2.1根据通缩恐惧程度，列出了以下价格通缩理论。

---

[1] 这些经济学家认为，因为流动性陷阱问题，价格稳定对货币政策来说是危险的。他们主张正通胀率。参见古德弗兰德(2000，第1007页)。

表2.1　通货紧缩理论的比较

	担心增长造成的价格通缩	担心货币需求增加造成的价格通缩	担心信贷收缩造成的价格通缩
流动性陷阱理论家(凯恩斯、伯南克、克鲁格曼)	是	是	是
价格水平稳定理论家(费雪、巴罗)	是	是	是
好坏之分通货紧缩理论家(博里奥、费拉多)	否	是	是
生产力标准理论家、部分准备金自由银行家、货币失衡理论家(霍特里、庇古、塞尔金、耶格尔)	否	是	不在部分准备金银行体系内
米塞斯	否	否	是(在其一些著作中)
100%储备奥地利学派(萨勒诺、许尔斯曼、罗斯巴德)	否	否	否

第3章

通货紧缩：原因

3.1 增长型通货紧缩

3.1.1 经济增长与物价

经济增长可能引起物价下跌。增长型通货紧缩即是指由经济增长引起的价格通缩。①经济增长表现为商品和服务生产总量的增长。②额外生产的商品和服务，将导致其货币价格更低。

理论上讲，所有额外生产的商品和服务都可以通过物物交换的方式进行交易。③然而，生产者更愿意用他们去购买市场中最抢手的商品：货币。借助货币，他们可以以一种更快捷、高效的方式去换取最急需的商品和服务。换言之，生产者生产商品和服务的目的并不是用

---

① 关于增长型通货紧缩，可参见萨莱诺(Salerno)(2003，第83-84页)，许尔斯曼(2003a，第51-52页)，桑顿(Thornton)(2003，第6页)。

② 这一定义较为粗略，至少有两个问题需要进一步说明。首先，从个人主观角度看，生产产量多少并非常重要，重要的是商品和服务是否能充分满足人们的主观需求；其次，因为不可能将不同商品和服务简单相加，物质的增长无法测量。例如，在现代经济市场中，商品X生产的数量比较高，而商品Y生产的数量比较低，那么何为经济增长？不过，增长实际也并不需要测量。当市场中多数商品和服务的生产总量增长了，就可以称之为经济增长。该定义可以帮助我们理解通货紧缩这种经济现象，当经济增长了，物价就会普遍下降，也就是通货紧缩。

③ 安德森(Anderson)指出，在现代社会中物物交易或者信贷的延展范围通常被人们低估了。[1917] 2000，第173-178页。

于物物交换或自己使用。相反，他们的生产目的是为了换取货币，以解决在物物交换过程中可能遇到的成本过高甚至无法交换的问题。

经济持续增长下，商品和服务为生产者带来的边际效应较低。产品的最低售价下降了，产量提高的生产者需要准备接受比产量稳定时更低的价格。因此，我们将面临这样一种局面，产品边际效应不断下降的生产者愿意接受比经济停滞时更低的价格。然而，当产量充足时，边际消费者将决定产品的价格。随着产量增加，为卖出这些额外的产品，生产者必须找到新的边际消费者。而这些消费者只愿意支付比以前更低的价格购买这些产品。生产者一开始已预料到了这种价格下跌的可能性，但仍然计划卖出更多产品，期待薄利多销弥补价格损失，尽管此举可能会进一步使价格下降。因此，生产者们都力图在产销两方面压倒竞争对手，并利用更低的价格继而更多的销量，赚取更多的利润。[1]

市场总产量的增长可能不仅是因为现有生产者各自增加产量，新出现的生产者也会冲进市场抢夺份额。在持续增长的经济环境中，能提供比经济停滞时更多的商品和服务。对生产者来说，由于商品的边际效应越来越低，他们开始相互竞价以获得更多货币。对于一定数量的货币，生产者们愿意提供比以前更多的商品和服务去换取。[2]换言之，他们愿意卖出一定数量的商品和服务以换取比经济停滞时更少的货币。[3]因此，这使得经济主体的货币交易需求增加[4]，从而导致货币

---

① 参见塞尔金(1997，第31页)。

② 关于这一点，可参见萨莱诺 (2003，第83-84页)。

③ 这并不意味着他们的收入减少，因为以较低的价格卖出了更多的产品。他们的收入有可能增加、减少或保持原状。

④ 罗斯巴德把对货币的需求分为三种：交易需求，也就是卖方对货币的需要，他要用这些货币购买其他商品；保留需求，也就是已持有货币的市场参与者对货币的需要；对货币的非货币化用途的需求。

的价格上涨，而商品和服务的货币价格却降低了。如果此时没有一种
如货币总量增加这样的反作用力出现，生产者们的竞争将意味着商品
价格下降。另一个可能的反作用力是越来越多使用补偿手段或票据交
换，后者可以减少交易的货币需求。需要指出的是，并不是所有产品
和服务的价格都会在相同时间、以相同数量、受到相同方向的影响，
也不是所有生产者都增加产量才会导致物价下跌。如果只有很少一部
分生产者增加其产量，其他生产者的产品价格也可能会受到影响。比
如，某一特定商品因为产量增加而价格下跌，这样的价格下跌意味着
其他使用该产品的生产者的生产成本会下降。当他们的成本下降，利
润率就会提高。因此，生产者将提高以该产品为生产原料的其他产品
的产量，以获取更多利润。当其他产品的产量也增加时，其价格势必
比没有增加时更低。故为使利润增加成为可能，其他产品的产量必须
得到限制；如此一来，其价格将比没有限制时更高。综上，最初特定
产品的产量增加将会影响整个经济，并改变各产品的相对价格。

3.1.2　经济增长的原因

阐明经济增长对物价的影响后，我们需要进一步解释为什么经济
会增长。商品和服务的生产总量为什么会增长？唯一的原因便是人类
自己。企业家的智慧和创造力创造了商业机会，并推动新产品开发和
产量提高。简言之，企业家精神是经济增长的原动力。所有阻碍这种
精神的因素将抑制经济的增长，而消除这些障碍将极大地促进经济的
增长。企业家精神主要从以下三个方面推动经济的增长：(1)创新；

(2)劳动分工的深化或人口增长；以及(3)储蓄和资本的积累。[①]

3.1.2.1　创新

创新是指运用其内在的创造能力开发出一种新的方法、产品或技术。生产者将其应用于新的生产过程，从而有可能缩短生产过程，节约生产成本。

通常，储蓄对创新研发确有必要。储蓄可以为技术研发提供资金，比如修建实验室、资助科学家等。然而，储蓄并不是创新的必要条件。例如，某个企业家在某一时刻突然灵光闪现，冒出一个奇思妙想，而这个想法就可能大幅提高生产效率。

有时，一些创新技术的应用需要追加更多的储蓄，一些可能只需要相同数量的储蓄；而另一些则根本不需要任何新增储蓄。需要注意的是，后一种情况下，对生产过程采用创新技术来说，储蓄并不是一个必要条件。他们只是对资源进行重新组合，从而在相同时间或者更短时间内获得更高产量。比如，一个企业家重新调整了工人岗位、合理分配生产要素，从而使生产相同数量(更多数量)的产品所需的时间比此前更短。在此，企业家没有使用任何新增储蓄。

此外，一些创新可以在储蓄量恒定的情况下得以实施(即收入的消费-储蓄率恒定)。换言之，这些创新技术需要的储蓄仅是控制消费，而无需储蓄的净增长。例如，企业可以使用已有现金资助一项创新技

[①] 米塞斯(1998，第512-513页)还提出了其他一些原因。减少制度性干扰(犯罪、战争、蓄意破坏)和改善环境条件也会促进经济增长。然而，这些原因的影响是暂时性或有限的。一旦所有犯罪和战争都结束，将不再推动生产的进一步增长；同样地，对自然环境的改善达到极限，也将不再推动生产的进一步增长。相对来说，资本积累、创新和劳动分工等对经济增长的推动作用没有上述局限。

术，或者说企业家可以通过分期偿还的方式引进新技术。因此，时间偏好率的下降和净储蓄的增加并不是经济增长的必要条件。例如，研发实验室可以使用现有的研究资金开发一项新的创新技术，而不需要额外储蓄。这个实验室研发出一台新型机器，该机器在给定时间内使用与旧型号机器相同数量和质量的原材料，可以生产出更多的产品。如此一来，企业的产量提高了，但并没有为此投入额外的净储蓄。如果新型机器未被研发出来，当老机器磨损报废，企业将购入新机器以替代老机器，所需的总储蓄量将与购买老机器的相等。但现在，新研发的机器将替代老型号机器，不仅可以大幅提高产量，还不会加重原有生产组织的负担(实验室也是现有生产组织的一部分)。

然而，许多创新的实施，尤其是新技术，需要提高消费-储蓄比率。现实中，由于缺少储蓄，许多新技术都无法被应用。正如米塞斯指出，一些在西方国家广泛使用的高效生产技术，在发展中国家由于缺少储蓄和资本积累而鲜有采用。[①]因此，缺少储蓄对提高生产的限制作用通常比技术知识更大。

创新技术一个非常重要的应用领域是自然资源的开发。不管是否借助额外储蓄，创新技术都可以大幅提高自然资源的使用效率，从而推动生产发展。[②]技术创新的确可以倍增可用资源的种类，并随着自然资源相关知识的增加，企业的生产效率将提高。例如，随着汽车的发明，人类使用的自然资源种类增多了；当人们发现石油可驱动汽车，对石油的需求也随之猛增。

---

① 参见米塞斯(1998，第492-494页)

② 正如乔治·瑞斯曼(George Reisman)指出，借助创新技术和新生产资料，自然资源对经济发展的推动潜能是无限的(1999，第63-66页)。

总之，创新是推动生产向前发展的一个重要原因。[①]

3.1.2.2　劳动分工的深化

经济增长的第二个原因是劳动分工的深化，因为劳动分工可以提高生产效率。

劳动分工的深化有多方面原因。出现劳动分工的必要条件是劳动者意识到自己的优势并从事专业化工作。[②]而劳动分工深化的最重要原因是资本积累，通过为新的工具、机器和工厂提供资金，从而使劳动分工进一步发展。

另外，消除对劳动分工的限制和障碍也是促进劳动分工深化的重要原因。障碍通常是贸易堡垒和行业监管，限制则包括运输和交易成本。例如，广泛应用的互联网技术大幅降低了传统的运输成本和交易成本，从而推动了劳动分工的深化。由此可见，创新可以为生产提供一种全新的合作方式。并且，创新不仅可以降低交易成本，也可以催生其他新想法和新产品，创造新的合作机会。

劳动分工深化的另一个重要原因是人口增长。人口增长带来了更精密复杂的劳动分工和知识分工。具体而言，有更多的人创造出新知识或进行知识分工，以用于工业生产和社会协作。并且，人口增长本身就是推动经济增长的原因，新增加的人口可以生产更多的产品和服

---

① 当然，并不是所有的创新都可以提高生产，它也可以推动产品的更新换代。大多数情况下，创新会开发出一种新的产品，并与老产品竞争。因为人们更愿意花钱在新的高质量的产品上，而不是在落后的旧产品上，这种竞争也会导致价格下降。

② 除了它具有更高的生产效率外，劳动分工还有另一个原因，即人们对不同工种的不同心理好恶。例如，一个人可能会很憎恨打猎，另一个人可能会厌倦摘果子的工作，那么两人可以通过劳动分工而获得各自喜欢的工作。

务，并带来创新。①随着人口不断增长，与生产一样，知识分工也将得到进一步发展。这种人口和知识持续地扩张和自我加强的过程就是赫苏斯·韦尔塔·德索托(Jesús Huerta de Soto)所说的"社会大爆炸"。②

3.1.2.3 净储蓄的增加

经济增长的最后一个原因是净储蓄的增加。③为什么净储蓄的增加会导致商品和服务增加？要想保持一定储蓄，就必须限制消费。只有个人手上的资源在未来可能具有更高价值时，人们才会愿意限制消费。储蓄的目的是在未来消费更多。这就是所谓时间偏好的概念，即我们希望较早而非较晚达到自己的目的。④是时间把我们同我们的目的分离开，如果我们省下了达成一个目的的时间，我们就可以把剩下的时间用于实现其他目的。这意味着，在给定的生产成本和商品数量的前提下，生产者愿意在尽可能短的时间内完成任务。

储蓄的增长可以导致投资增长。一个人可以限制消费以增加储蓄，让更多的消费品用于投资。换言之，这些消费品可以在生产过程中用于资助工人，直到其他消费品被生产出来。⑤另一种增加储蓄的方式是改变个人需求。一个人可以减少对消费品的需求，以投资更高阶

---

① 关于人口增长和经济增长可以参见库兹涅茨(Kuznets)(1965，第124页)。

② 参见韦尔塔·德索托(2001，第82页)，脚注54。

③ 我们并不需要降低时间偏好以获得更高的实际净储蓄值，因为时间偏好本身可以通过消费-储蓄比率得以体现。如果经济持续增长，其实际生产产量也将增长，无论动因是创新、时间偏好下降，还是人口增长。如果社会时间偏好保持恒定，实际净储蓄将增长，从而进一步深化生产结构。反过来，这又将导致更高的产量，推动实际净储蓄增长，并以此类推。

④ 关于时间偏好的概念，参见韦尔塔·德索托(2006a，第270-272页)或米塞斯(1998，第480-485页)。

⑤ 关于生存资金理论可以参见奥地利学派经济学家理查德·冯·施特里格尔(Richard von Strigl)的论述(1934)。

的生产。人们需要生产要素用于投资项目，而不是消费品，生产要素将从消费品的生产转向更高阶的生产。

因此，净储蓄的增长有可能导致净投资的增长。这一过程被认为是最快捷、最高效以及风险最低的方法，所以也被最先使用。增长的资金可以投资以下几种项目：风险大、无需额外储蓄的项目；与现有项目同等规模的其他项目，从而拓宽了生产结构；比现有项目需要更长时间的项目，从而延伸了生产结构。因此，储蓄和投资的增长使生产过程资本密集程度更高。[1]

由于时间偏好的原因，这些过程不仅更加费时，同时被寄予了生产效率更高的期望。[2]之所以这样，是因为如果更迂回的生产过程并不比更短生产过程的生产效率高的话，更短生产过程将会被优先采用。因此，借助额外的储蓄和投资，经济的生产结构变得更加资金密集，同时实际产量也增加了。[3]

一个正的或增长的净投资并不需要时间偏好率持续下降。[4]当经济增长时，无论是因为时间偏好率下降、净储蓄增加，还是劳动分工深化、创新，都将出现更多的产品或质量更高的产品，这些产品将用于消费或者投资。当用于消费的商品的比率与用于投资商品的比率相等时，企业家将会谨慎考虑是否加大投资。因此，净投资增加，从而

---

① 参见罗斯巴德(2001，第486-491页)关于资本积累和生产结构的论述。

② 可以确信的是，资本积累可以造就质量更高的产品，而不是生产更多的产品。质量更好的产品将替代质量差的产品，而后者的价格将下跌。这种情况也可能出现在其他推动经济增长的原因中。

③ 要注意的是，更长的生产过程也许需要农庄住宅和使用新的自然资源。这意味着自然资源的增长本身并不是经济增长的原因，而是储蓄的增长，储蓄增长可以帮助获得更多的自然资源，并开发利用那些迄今为止还未使用的其他资源。

④ 这是萨莱诺的观点(2001)；他似乎是在暗示时间偏好直接决定储蓄的绝对量，而不是消费-投资比率。

延伸生产结构，并推动经济增长。①

3.1.3　经济增长各原因间的相互关系

上述三种原因相互联系、相互影响。更高的储蓄和资本积累可以推动创新。且由于有足够的资本积累，大规模生产将成为可能。大规模生产大量采用复杂的工具和机器，又可以推动劳动分工发展。②储蓄可以帮助提供更好的教育，培养素质更高的工人③，也可以推动劳动分工和知识分工的发展。当知识分工不断发展，将有利于更多的创新发明推陈出新。因此，这三种过程是相互作用、相互依靠的，对经济增长的推动作用也是反复累积的。还有一种因素是创新技术的扩散和传播。当经济增长时，某些生产要素的价格趋于下跌，从而又刺激了生产。例如，由于产量不断增大，芯片的价格在过去几十年里持续下跌，并被广泛应用在新的生产过程中。因而，这种创新技术也被应用到其他生产线上。芯片的广泛应用不仅为新的技术创新和更复杂的知识分工提供了基础，还会对其他产业产生连锁反应。当使用芯片的这些生产线变得更加高效，源于这些生产线的产品的价格也将下跌。这些产品的低价格可以吸引其他行业也使用这种产品作为生产原料，甚至包括芯片行业。结果，其他生产线的生产也变得更加高效，从而导致其价格下跌。而这些产品又会得到广泛应用，从而导致价格进一步下跌，以此类推。因此，经济增长是一种反复累积和相互作用的过程。

---

① 罗格尔·卡瑞森(Roger Garrison)(2001，第55页)称这种现象为"长期性增长"。
② 参见瑞斯曼(1999，第127页，第141页)
③ 有时也被称之为人力资本增长。

3.2　现金积聚型通货紧缩

在讨论完增长型通货紧缩及其可能原因后，我们将转向另一种价格通缩，也就是现金积聚型通货紧缩。

3.2.1　现金积聚和物价

在出现现金积聚型通货紧缩时，市场对货币的需求将增大，从而导致货币的购买力增强。因此，如果没有出现某种应对现金购买力增强的反作用力，那么现金需求增加将导致物价下跌。

需要澄清的是，在考虑货币需求的时候，我们通常只考虑货币作为货币的属性，而忽视了货币作为商品的属性。源于商品属性的货币的需求变化，是由商品生产的变化引起的。这是一种不同类型的货币需求(的确，如此前讨论的那样，生产增长也可能导致价格通缩)。

3.2.2　货币需求的种类

货币需要可以分为生产需求、交易媒介需求[①]、财富储存需求以

---

① 交易媒介是一种商品，可以用来与其他消费者生产者交换产品。

及投机需求。①这些主观动机不可能被外人观察得到，然而他们将在一段时间后会显现出来。例如，某人增大了其货币需求，随后他用这些货币的本身材料制造了一种物品，那么在这个时候就可以得知他对货币的需要是生产需求。然而，如果一个人提高了其现金余额，其他人不能简单从这个行动判断出他的动机，无法判断这究竟是出于一种对货币的交易媒介需求、生产需求、财富储存需求，抑或投机需求。以下将详细讨论这四种需求。

3.2.2.1 货币的生产需求

个人若出于生产目的而需要货币，他会将这些货币用于生产，也可以用于一种不同于标准交易形式(金币、法币本位制下的钞票等)的其他使用形式。生产需求一般与法定纸币沾不上边。②但若是商品货币，其生产需求就变得很重要，并的确会导致价格通缩或者货币购买力增强。例如，在以黄金为货币的市场中，人们的主观评价可能会发生变化，认为黄金珠宝的价值相对其他商品变得更高了。或者他们想用它来进行新的药物治疗，从而增加了对该货币的需求。因此，货币材料本身的价格和货币购买力增加了。对于导致价格通缩的这种原因，我将不再进一步分析；在如今以法定纸币为货币的世界，其出现

---

① 还有一种货币需求是消费品需求。一个人可能会将一张纸币或硬币放入框架珍藏，用于欣赏和收藏。这种需求就是消费品需求。由于该货币需求较少，本文不做详细讨论。

② 在一个包含铸币的法定货币体系中，由于货币发生通货膨胀，这些铸币可能具有比票面价值更高的生产价值。例如，最近几年的美国，一便士硬币的生产价值比其票面价值高。结果是，这些含铜量高达95%的硬币从流通市场上消失了，完全印证了格勒善法则的预言。1982年以前，这些便士由2.5%的铜和97.5%的锌制成。这种情况下，对1982年之前的一便士硬币的生产需求就变得微乎其微了。参见亚历克·内瓦莱南(Alec Nevalainen)(2007) Coinflation.com. http://www.coinflation.com/。

的可能性非常小。

然而，在恶性通货膨胀时期，当货币作为一种交易媒介已经被人们抛弃的时候，对纸币的生产需求实际上可能变得非常重要，并可能变成最主要的原因。例如，1923年德国恶性通货膨胀期间，其流通纸币被用于烧火取暖。不过，这样的案例很少发生，货币的生产需求通常只占货币需求中极少一部分，我们很难看到货币生产需求的增长能够对货币购买力产生重大影响。为什么某一特定人群突然重视起货币的生产作用，这很难解释。

3.2.2.2　货币的交易需求

货币的第二种需求是需要货币成为一种交易媒介。按其字面定义，交易媒介就是任何被人们普遍接受的交易中介。从根本上讲，交易媒介便利了交易，这使得交易媒介本身被广泛接受。

需要注意的是，这些交易也可以跨越一段时间。因此，货币可以用来解决债务问题。为了偿还债务，当债务到期的时候，债主将会要求相应票面金额的货币。

货币的起源

在一个以物物交易为主的经济中，一些生产者发现某些商品在交易中出现的频率比其他商品高。①也就是说，这些商品在市场中比其他商品更受欢迎。因此，他们需要使用这些商品在交易中换取自己需要的商品，而不是用来自己消费或者生产。对这种商品的交易需求就开

---

① 如果一种商品要想在物物交易中出现频率高，且降低交易双方价差，那么它必须具备一种必需的属性：适合用于财富储存。一个生产者可以用自己的产品交易这种商品，并把它存储起来。当他后来有什么需求的时候，他可以把这种商品当作一种交易媒介，且价值更高。因此，交易需求和财富储存需求通常是紧密相连的。

始出现了。由于出现了对这种商品的额外需求，其价格逐步升高，购买力也将逐步增强，而以这种商品为计量单位的物价将趋于下跌。

当第一批生产者开始成功使用这种交易媒介时，它的价格上升得更高。其他生产者注意到了第一批把这种商品作为交易媒介使用的生产者的成功，开始纷纷效仿。对这种准货币的需求继而持续增大，越来越多的人开始把这种商品作为交易媒介，它变得越来越受欢迎，价值也随之增长；而以这种交易媒介为计量单位的商品的价格则开始下跌。

得益于货币，基于劳动分工的现代经济逐渐建立起来。但有趣的是，那些支持货币的人又想阻止价格通缩。他们认为价格通缩是件危险的事，这让他们陷入了一种自相矛盾的境地。出现一种货币且不引起价格通缩，这几乎是不可能的，期望两全的理想状态是不切实际的。对货币作为商品属性的需求将伴随着把它用作交易媒介的需求，所以对货币这种商品的总需求就增加了。同时，劳动分工的深化刺激了经济增长。因此，货币的"诞生"过程就是价格通缩的过程。对企业家来说，价格通缩意味着这种商品是一种好的交易媒介，并加速了其成为货币的过程。于是，没有引起价格通缩的交易媒介将逐渐在竞争中被淘汰。

不确定性和现金余额

我已经解释了货币的交易需求。但为什么我们要保存货币？为什么人们不把货币都借出去，直到需要时再收回？储存货币的动机是为了应对未来的不确定性。[①]货币具有减少未来不确定性的功能，因为它是人们普遍接受的交易媒介。因此，人们可以使用货币来交换市场中的大多数商品、服务和资产。即使对于大额交易，买卖双方的价差也

---

① 参见米塞斯(1998，第399-400页)。如米塞斯指出，库存现金并不必须只包括纸币，也可包括那些被人们接受的货币替代品。

非常小，这意味着使用货币进行交易将不会引起大量损失。因此，人们通常会选择性地把货币保存起来。在持有货币余额后，人们就可以在未来购买那些现在还未关注到的商品、服务和资产；或即使现在已经关注到了，但还不确定是否会在以后需要这些商品。

如果不存在不确定性，未来交易的数量、质量、日期和地点都已知晓，那么人们就没有必要保留现金。[①]人们也可以将货币借出去给当时需要的人。但是，由于经济行为人并不知道他们在未来将要进行的所有交易，因此就会选择保留一些货币作为现金余额，以及时应对未来可能发生的变化。如此一来，他们便可以在未来使用货币交易所需的商品或服务。[②]

显然，人们对各自未来的财务需求并不确定，这样的事实是由人的行动本身所决定的。人的价值尺度会持续变化，一些目标会变得更加重要，而其他一些则会降到相对次要的位置。在这种情况下，人们最好保留一些货币在身边。并且，商业机会也可能会不期而至。那么这些货币就可以用来开发利用这些机会。物价也可能发生不可预期的变化。尽管人们不希望商品价格上涨，但价格仍然可能会上涨。当人们想要购买这些商品的时候，足够的现金就变得非常有必要了。而一些商品的价格可能会意外下跌，人们也许会买一些不在计划之列的东西。因此，为了应对复杂多变的商业环境，足够的现金确有必要。

当人们感觉市场环境越来越不确定的时候，他们会选择增加现金余额数量。例如，当人们来到一个不太熟悉的新地方，如迁移或旅游，这时他们的不确定性就会增加，毕竟不太了解可能出现的可用工

---

① 参见米塞斯(1998，第414页)。

② 参见罗斯巴德(2001，第228页)，也可参见米塞斯(1998，第399-400页)。

具、目标和商业机会。当他们熟悉周边环境熟悉后，就可能会减少所持现金。

另一个保留现金的原因是应对可能出现的紧急情况。如突患疾病或遭遇车祸，这就需要花钱用于支付医疗费用，或重新购买在事故中丢失的重要物品。人们通常会保留现金以应对可能出现的紧急情况，若预料到这种紧急情况可能发生时，还会进一步增加现金余额数量。

上述情况不仅适用于个人，也适用于公司。公司预留充裕的现金，可以在与对手的竞争中保持一定优势。特别是，在遭遇经济衰退或市场需求意外下降的时候，他们也不必减价出售资产，并可应对意外的开支。

现金余额数量和不确定性

如上所述，个人希望持有一定数额现金的原因是多方面的。但是，一个人持有多高水平的现金余额才算合适呢？这个问题的回答取决于个人的主观评价。如果一个人认为现金的边际效应比他拥有的某种商品或服务的边际效应更高，他将会出售这些商品或服务以获取一定数量的货币；如果他认为商品和服务的边际效应比持有相应数量货币的边际效应更高，那么他会使用货币去购买这些商品和服务。一个人想要持有现金时，他会放弃消费或购买资本品。一个人总会不停地增加或减少自己的现金余额，直至他在特定情况和环境下认为自己的现金额度已经到达最合适的水平。

值得注意的是，当个人需要现金时，他们需要的是具备相应购买力的一定数量的货币单位。[①]一个货币单位的交易服务由其能够购买的

---

① 参见罗斯巴德(2001，第680页)。也可以参见米塞斯："货币能够提供的服务受其购买力大小限制。没人愿意仅仅保留一定数量的货币；他想要保留的是一定数量的购买能力。"(1998，第418页)

商品和服务数量决定。如果一个人希望为应对未来的紧急情况进行更多交易，那么将增加所持实际现金余额，即增加所存储的购买力。只在名义上增加现金余额额度是不够的，因为它不能保证在遭遇紧急情况和商业机会时能提供足够的购买力进行交易。

3.2.2.3　货币的财富存储需求

与不确定性稍有不同的另一种持有货币的动机是存储财富的需求，这是货币的第三种需求。在这里，货币需求并不是由对未来货币需求的不确定性造成，而是由使用货币存储财富的便利性所引起。财富以货币的形式可以便利存储。当需要时，货币可以直接用于交易，以一个好价格大量、即刻得以出售，货币是最具流动性的商品。每种商品在市场上都存在一个买卖双方的价差，商品交易数量越多，这种价差将越大。而若某一特定商品流动性越强，那么它引起价差扩大的速度就会越慢。货币的优势正如此，当其交易的数量越大，其引起的价差扩大会非常缓慢。这是因为货币的边际效应递减非常缓慢[1]，货币的流动性属性使其非常适合存储财富。[2]

3.2.2.4　货币的投机需求

货币的第四种需求是投机需求。[3]每一种商品都可用于投机，货

---

① 参见拉耀(Rallo)(2005)。

② 货币债务到期之前，债务人通常会积累相应数额的财富。他使用货币来积累这些财富，因为货币是一个很好的财富储存方式。需要强调的是，债务人对货币的需求是为债务到期存储名义数量的货币。当然，开始存储和还债的时间间隔可以很短。

③ 参见米塞斯(1998，第423页)。

币也如此。①投机需求下，人们需要货币的目的是在以后以更高的价格将其出售。因此这种需求动机不是生产用途、应对不确定性、财富存储，而是期望货币能够在未来以更高的价格出售，从而保证人们在未来对非货币资产有更好的掌控能力。②一个人因投机原因而增加现金余额，他必须能够预判到未来的货币价格足够高，同时还要考虑到时间偏好等人类行为学因素，才能保证未来有利可图。如果货币的购买力上升得不够快，那么其他投资行为可能收益更高。从逻辑上讲，当人们预测货币的购买力将上升，那么对货币的投机需求就会增加；当人们预测货币的购买力将下降，那么对货币的投机需求就会减少。

货币投机数额取决于货币本位制。在100%商品货币准备金制度下，货币投机的数额相对很小。从历史上来看，商品货币的生产一直相对稳定，例如黄金的生产。当经济增长相对稳定，货币的购买力不会出现大的增长，而特例是战争情况下，货币需求会激增。但无论怎样，货币投机的可能性仍相对较小。

在一个部分准备金银行制度的商品货币本位制下，货币投机的数额将比100%商品货币准备金体系下更高。这是因为，部分准备金银行在一定程度上是通过信用扩张来加大货币供应量，而信用又可能再次收紧，引起较大的价格波动，继而使得投机变得有利可图。

纸币本位制下，货币和货币替代品可以以忽略不计的成本进行生产，因此这时投机收益最高。货币供应可以以最快的速度扩张，也可以以最快的速度收缩。③货币供应量经常因政客的朝令夕改而发生较大

---

① 在一个拥有几种交易媒介的经济市场中，投机需求可能非常大。例如，在法定纸币市场中对外汇交易的投机需求远高于交易需求。

② 参见赫特(Hutt)(1956，第198页)。

③ 我们将在3.3节详细讨论信用紧缩的过程。

波动。因此，在法定货币体系中，货币购买力的波动可能性比在商品货币体系中高得多。因此，在纸币本位制的经济体中，货币投机收益比商品货币本位制时大得多，货币投机扮演着重要的角色。

3.2.3　现金需求的增长

在这一部分我们将详细讨论现金需求增长的原因，也就是我们有时说的"囤积"或"贮藏"。特别地，将分析货币不确定性需求和投机需求增长的原因。进一步，还将研究现金积聚对生产结构的影响。

3.2.3.1　"囤积"

无论是为应对一个更不确定的未来，或是进行货币投机，还是增加货币财富储存，持有更高的实际现金余额都意味着减少消费和生产投资。根据动机可以将现金积聚分成三种类型：不确定性型现金积聚、投机型现金积聚、质量型现金积聚。从外在表现看，他们很难被区分，因此有时被不加区分地统一称之为"囤积"。

"囤积"一词本身就充满争议。第一，要想区分"囤积"的货币和"流通"的货币几乎是不可能的。除了那些自愿或不自愿被抛弃的货币，①每一个货币单位都是现金余额的一部分。一个人如果不持有一定数量的货币，就不可能使用货币。所有的货币(除了那些丢失的)都在某个口袋或者现金账户中，并在交易中得以流动，货币不可能总是

---

① 只要想想沉入海底的西班牙无敌舰队上的金砖，以及许愿池中丢弃的用于祈福的硬币就明白了。

处于"流通"状态，也不可能没有一个主人。

第二，"囤积"这个词表面上暗示着无效、闲置的意思。然而，这样的看法并不正确。货币永远不可能无用(除了那些沉入海底的货币)。[①]对于持有货币余额的人，货币将为其提供重要的服务。[②]为应对未来不确定性或出于财富积累的目的，货币将充当保险的作用，持有者非常看重这一服务。保留货币余额可以帮助人们应对未来的不确定情况，包括紧急情况、不可预期的价格变化、新产品的出现、独一无二的商业机会，以及自身价值判断的改变等等。从这个意义上说，货币提供了一种安全保障。囤积也可以看作是消费者对不能满足其需求的生产结构的一种"抗议行动"。[③]经济虚假繁荣时，生产结构被扭曲，资本和消费产品不能满足人们需要，人们的反应就是囤积。囤积将导致生产结构的调整。

投机需求下，现金余额并不是用于应对不可预期的情况，而是通过在较高价格下出售货币以获取利润。因此，货币并非无用，而是处于一个为其主人创造利润的过程。换言之，这是一种投资。这种投资不是在生产中，而是货币本身。[④]货币持有者看重这种预期的利润，否则也不会再保留货币余额。威廉·哈罗德·赫特的相关论述如下：

---

① 参见罗斯巴德(2001，第666页)；威廉·哈罗德·赫特(William H. Hutt)强调，持有货币是对持有者的一种服务："闲置货币的概念好像来源于古老的谬论，认为货币的作用只限于流通，人们持有货币只是简单地被持有并准备用于流通。在现实中，当货币所有权从一个人转移到另一个人时，货币对这个人的服务就停止，而对另一个人的服务则开始了。"(1997，第258页)货币服务的本质是：货币是应对不确定性最简单又最有效的保护手段。参见霍普(Hoppe)(2009)。

② 参见许尔斯曼许尔斯曼(2003a，第49页)。

③ 参见拉耀(2012)。

④ 罗斯巴德把货币增值(post-income)作用分为三种：消费、投资、增加现金余额(2001，第664-665页)。增加个人现金也可以看作是一种投资。

人们确信货币与其他资产一样具有很高的生产效益。与个人、公司、银行和政府持有的其他资产一样，货币资产也提供可观的收益。人们选择货币作为投资对象的理由与选择其他投资对象一样。因此，如果它们的边际未来收益在任何时候都低于其他资产的话，人们就会将其卖掉一部分；如果边际未来收益在任何时候都高于其他资产的话，人们就会购买货币资产直至其边际未来效益下跌至利息率水平。(1956，第197页)

当物价可能下跌时，投资货币的人就会增多。投资货币也是一种经济活动。因此，当货币投资上升且物价下跌时，市场经济活动并不会减少。相对于消费者偏好，投资货币只不过是另一种不同形式的经济活动。如果说这种经济活动是不好且有害，难免有些武断；但将资金投到生产设施上，对社会作用可能会更大。无论怎样，它加快了价格朝预期方向调整，并且在实物本位体系中越来越多的资源将会转移到货币本身的生产，引发采矿等经济活动。

但是，货币投资是否等同于储蓄？对此，必须区分以库存现金为代表的存量储蓄和在一定时期内未消费的一部分收入。货币投资，也就是持有现金，是储蓄。但它们代表储蓄增长了吗？回答取决于用于投资货币的资源源自哪里。如果这些资源最初被用于消费目的，这种节约消费是额外的储蓄；但如果这些资源最初用于生产项目，那么撤回投资并不等同于储蓄增长。相反，这反映了更强的时间偏好和缩短生产周期的愿望。

现在，我将转向货币需求增长的原因及带来的后果。我们将详细讨论不确定性型现金积聚、投机型现金积聚、质量型现金积聚的原因和影响。由于人们并不知道这些行动的动机,在外人眼里这些行为都是现金积聚。因此,我把现金积聚型通货紧缩定义为经济主体努力增加库存现金从而引起的货币购买力增加。

3.2.3.2 不确定性型现金积聚

不确定性型现金积聚的原因

当未来被认为越来越不确定,人们开始增加实际现金余额。一个特例是,法定货币体系本身的未来不确定性不断增强,这时人们开始减少所持现金余额,因为他们担心在未来法币可能不再使用。然而,除了这些对货币体系本身的怀疑,不确定性的增强通常都会导致人们现金需求的增长。

但为什么人们会感知到不确定性的增强?原则上讲,当我们处理主观感受时,任何事情都可以产生这样的感知。然而在现实中,某些事件将更容易引起不确定性。正如约瑟夫·萨莱诺(Joseph Salerno)指出:"现金积聚通常源自于一种对未来更加悲观、不确定的态度,可能由经济衰退、自然灾难或战争造成。"(2003第85页)其他包括高失业率或资产价格崩溃。①更加悲观或不确定的预期也可能由国内政治暴力和对银行丧失信心造成。

经济周期性衰退

新一轮经济衰退开始时,人们通常变得更加悲观。法定货币体系下,这种悲观情绪也会引起对货币体系前景的怀疑。这些可能导致

---

① 马克·桑顿(Mark Thornton)指出:"这种现金积聚型通货紧缩是对战争、内战或者自然灾难的一种自然反应。也可以在经济衰退、失业恶化、股市崩盘等情况时出现,甚至由于投机盛行导致物价下跌时候也会出现。"(2003,第6-7页)桑顿提出的最后一个原因是投机需求,我们将在后面讨论。投机需求并不一定与一个更悲观的前景联系在一起。

货币需求下降或者放弃货币持有。然而，如果没有对货币体系未来的担心，例如在实物本位制下，持有货币余额的需求就会增大。这就是说，在一个短期或长期的经济衰退中，一个人也许会遭遇失业或者收入减少等问题，进而也许会预判到因经济衰退引起的社会动乱。而这个时候，政府又有可能进行一系列重大政策改革或出台新政策，以扭转不利局势。所以，为应对所有这些不确定性，增加现金余额和资产流动性是明智的选择①：避免消费，或者收回投资。②后一种情况是指，清算先前在经济虚假繁荣时期产生的一些不良投资，用以增加现金。或者仅因为扭曲的生产结构提供的商品无法满足偏好，人们从而增加现金余额。这将加快经济复苏的步伐。③

战争

无论是国内还是国外，战争的爆发也可能使人们增加现金余额。④战争可能会摧毁他们的库存现金、资产，可能迫使他们失业，他

---

① 对整体经济来说，在衰退中增加流通性的动机非常重要。正如乔治·瑞斯曼 (George Reisman)指出，增加现金需求可以使"个人资产中的现金比率更高，可以更多用于商品和劳动。因此，这样的行为加大了资产的流动性，而最终结果对增加现金余额的意愿。这样的行为可以增大公司及其他所有经济体的资产速动比率，使他们相对其他公司在经济市场中处于更稳健的位置。同时，由于他们的现金相对负债在资产中的比率较高，其债务偿付能力就更好"(1999，第693页)。

② 一旦经济处于衰退，货币需求可能变得更大。正如罗斯巴德指出："经济衰退的另一个次要特征是货币需求的增长。"造成这种"流动性吃紧"的原因有几个：(1)由于经济衰退和通货紧缩，人们预判物价会下跌，因此就会持有更多货币、减少开支，并等待物价下跌。[从分析上看，这实际是货币投机需求的增长]；(2)在银行和债权人的催促下，借款人将尽力筹集资金偿还债务，因此会清算资产以换取货币；(3)一连串经济损失或破产使商人在投资方面变得非常谨慎，这种谨慎将一直持续到资产清算结束(2000，第15页)。然而这些原因并不直接与人们的悲观态度有联系，而是与衰退过程本身的内在动因有联系。

③ 奥地利学派经济学家，如赫苏斯·韦尔塔·德索托、穆瑞·罗斯巴德、吉多·许尔斯曼等人认为，经济繁荣和衰退是周期性的，其根本原因在于政府给银行授予特权：保留部分准备金。因此，在这些经济学家看来，货币需求增长最终是由政府的干涉造成的。

④ 战争前夕，如果一个人预判到自己将死于战争，他就会实际减少现金余额，例如面临核战争或者无希望的包围等。他们减少现金余额的结果是导致价格通货膨胀。

们自己或朋友、亲人可能会伤亡。并且，当外敌入侵时，他们的财产权可能变得非常不安全，物价也有可能急剧动荡。这种情况下，人们通常会加大自己的实际现金余额。个人也许会失去对货币替代品的信心，增大他们对狭义货币(money proper)的需求。①信用媒介也可能被出售，用于购买外国交易媒介或黄金。例如，1914年在奥匈帝国向塞尔维亚发出最后通牒的时候，黄金需求急剧上涨。②黄金也可能被运出国外以保证安全。

增加的货币余额有可能来自资本品投资的收缩，而不是消费减少。战争时期，人们的首要目标是保证消费品的供应。因此，生产结构被打破。通过收缩资本品投资而增加现金余额的另一个优势是，当资本品被消费就不可能再被战争摧毁。

内部政治暴力

战争状态下，外部政治暴力让人生畏。然而，对内部政治暴力的担忧也会增加不确定性。人们担心可能发生社会动乱、侵害财产权和政府不断的干涉政策。③这些政治暴力还会影响到人们的健康、工作、收入等。因为政治干涉经济的可能性越大，未来物价水平和产品供应变得越不稳定，人们的不确定性心理也就越强。他们不知道政府将采取哪种形式的干涉政策，也不清楚这样的干涉会带来什么后果。在这种情况下，人们通常会限制消费或收回投资以增加实际现金余额，以

---

① 狭义货币是指作为交易媒介的商品货币、信用货币、法定货币。货币替代品是对狭义货币的一种债务权利主张，需要时可按票面价值兑换。

② 参见帕尔伊(Palyi)(1972，第27页)。

③ 罗伯特·希格斯(Robert Higgs)提出了"政权不确定性"这个词，用以形容在预测未来政府对私有财产权的干涉程度在多大时，企业家都普遍缺少信心。因此，政权不确定性可能会导致现金积聚型通货紧缩。

应对未来出现的干涉政策。正如与另一种情况一样，货币需求增长可以抵消不可预期事件的副作用。

银行系统失信

当出现对部分准备金银行体系的不信任时，无论什么理由，人们通常更愿意增加他们以狭义货币形式保存的实际现金余额。对货币体系流动性的怀疑可能意味着某种货币替代品(如活期存款)将不再被认为是个人现金余额的一部分。这种缺乏信任的结果是现金余额在主观层面立即减少。因为人们担心他们的货币替代品不能在部分准备金银行体系中兑换相应额度的狭义货币。这样，货币替代品的价值迅速下跌。为补偿这种损失，人们将会尽力增加作为狭义货币的库存现金。当政府当局暂停货币替代品对货币的自由兑换时(通常声称只是暂时性地)，人们的担忧变成现实，同时对狭义货币的需求进一步增长。我们可以在帕尔伊对第一次世界大战及随后金融不稳定的描述中看到这种情况："当流通货币脱离金本位，人们对黄金的需求(甚至是'抢夺')、对私人囤积的需求都大大增加。事实上，这种需求一直贯穿战争始末，即便在战争结束后，只要货币体系不安全，这种需求就将一直持续下去。"(1972，第28页)

并且，当金融体系看起来不那么稳定，不确定性就会增强。人们不仅不能提取他们的存款，银行倒闭和信贷紧缩还会连累其他公司一起倒闭。因此，波及全行业的破产风潮可能发生，人们可能暂时遭受失业、收入减少等困境。所以，当人们对金融体系的稳定性表示担忧时，他们就会增加对狭义货币的需求，减少对货币替代品的需求。他们会尽快把货币替代品兑换成狭义货币。他们会从银行提取存款，金本位制下提出黄金，纸币本位制下提出纸币。这可能触发信贷紧缩和货币供应量减少。所以,现金积聚会触发银行信贷紧缩。为应对金融体系动荡或崩溃,人们增加库存现金是一种明智的行为。不过,正是他们放大了对狭义货币的需求,从而放大了银行系统的弊病,加快了不稳定金融体系的崩溃。

自然灾害

当人们预料或正经历一场自然灾害时,也可能会增加现金余额。[1]他们不知道自然灾害是什么样,也不知道哪些东西会被摧毁。他们的资产可能因购买生活必需品而遭受损失;他们也可能会面临失业,暂时没有收入。由于自然灾害,物价可能大幅上升。社会、经济、政治的环境也会随之改变。因此,为应对上述情况,增加库存现金是一种明智的行为。

结论:政府和自然

除了自然灾害这一原因[2],上述引发实际现金余额需求的普遍、大幅增加的各种原因从本质上都是由政府干预引起的。如果没有自然灾害和政府干预,我们很难看到实际现金余额需求会发生急剧变化。并且,在任何情况下,货币需求增长都为将来具有开创精神的企业家行为打下基础和提供动力,并推动经济市场的自我调整。[3]从这个意义上讲,货币需求增长惠及个人且具有动态效率。

不确定性型现金积聚的影响

如果是在实物本位制下,实际现金余额需求的增长将引起这种实

---

① 一种可能的情况是,自然灾害前夕,个人可能会减少他们的现金余额。如果人们确信将在灾难中将会死亡,比如陨石摧毁地球,那么他们会减少现金余额,从而引发物价膨胀。

② 部分准备金银行制度也是源于政府干涉,银行获得来自政府的特权。

③ 关于活力高效的概念,可以参见韦尔塔·德索托(2003,第231-254页)。

物货币的生产增加。[1]生产要素将被直接用于生产这种实物货币，从而抵销了物价下降趋势。不过，由于研究对象是价格通缩的可能原因，我们将在分析中假定货币供应量恒定。因此，将假定这种实物货币生产停止；同时在纸币本位制下，也假定货币供应量恒定。我们将重点关注研究对象是否达到他们的目标，其行为是否引起物价下跌。为此，将区分三种不同情况。

(a) 一些人对库存现金需求的增长被另一些人对库存现金需求的减少所抵消。

在这种情况下，一部分人想要增加实际现金余额，而另一部分人想减少。第一群人出售商品、服务和资产换取货币，从而增加现金余额。第二群人的做法正好相反。他们购入上述人群出售的商品、服务和资产，从而减少现金余额。在这一过程中，货币的购买力没有发生变化，尽管相对价格可能会发生变化。最后，第一群人具有较高的名义现金余额，第二群人具有较低的名义现金余额。由于货币的购买力没有发生变化，第一群人获得了较高的实际现金余额，第二群人获得了较低的实际现金余额。因此，两个群体都达成了各自的主观目标。[2]

(b) 一些人对库存现金需求的增长并未被另一些人对库存现金需求的减少所抵消。

这就意味着在当前价格下，第二群人放弃的名义总价值不足以满

---

① 参见胡耶夫(Rueff)(1947，348页)。

② 这种情况的一个具体实例是在几个实行金本位制的国家，因为担心发生战争，当一个国家的公民(第一群人)想要增加实际现金余额，他们就会出售商品、服务和资产(包括产权)给其他国家的公民换取黄金。因此，第一个国家就会拥有更多黄金，第二个国家就会因购买更多的商品、服务和资产而导致黄金减少。

足第一群人的需求。在这种情况下，两个群体是否都能达到各自的目标呢？最初，第一群人愿意出售商品、服务和资产，而第二群人愿意购买。交易进行到一定程度后，第一群人仍然愿意以出售自己商品、服务和资产的方式增加现金余额，但第二群人已经对当前现金余额感到满足，并不愿意再出售货币。

第二群人想要保持现金余额，不愿再进行交易，这就意味着他们限制出售货币，即使要出售货币也是为了更多的商品、服务和资产。第一群人则将提供更多的商品、服务和资产以购买货币，增加其现金余额。这样，货币购买力就比以前提高了，而商品、服务和资产的价格将会下跌。①当货币购买力提高，第二群人现金余额的实际价值也增加了。这样，第二群人就愿意再向第一群人出售一部分货币，这部分货币比其愿意的要少。与此同时，第一群人的实际现金余额价值也随其名义价值而增长了。结果，货币购买力增加了，物价下跌了。第一群人的名义现金余额增加了而第二群人的减少了；第一群人的实际现金余额增加了而第二群人的下降了。两个群体都达到了各自目标。②

(c) 所有人都愿意增加实际现金余额。

现在，我们来看最后一种情况。这里，所有人都想增加现金余额，但显然没人愿意失去自己的库存现金。如果货币总量不增加，就不可能每人都增加名义现金余额。然而，实际现金余额可能增加。如

---

① 假设在一个自由市场中，政府限制物价的上涨和下跌，也就是典型的限价政策。那么，市场上将会出现货币短缺和商品剩余的情况。例如，商品、服务和资产的价格不允许下降，那么将会出现商品、服务和资产剩余。同样，那些想要增加现金余额的人将面临货币短缺的问题。

② 在金本位制下，两个群体也可以是不同的国家。

果个人愿意放弃更多的商品、服务和资产以获得一定数量的货币；并且/或者个人愿意提供更少的货币单位购买同样数量的商品、服务和资产。极端情形下，个人将停止购买商品、服务和资产，直至这些商品价格下降至足以将其实际现金余额提升至满意水平。[1]他们只是简单地哄抬货币相对于其他商品的市场价值。[2]由于大家都不消费，物价将下降，个人的实际现金余额将增加。这样，每个人的目的都达到了，并引起了价格通缩。[3]

这个过程可能发生得很快，取决于参与人的经营能力。如果买家能够正确地估计物价下降到什么水平，别人才会购买，他们就将迅速把物价降低到这个水平。

需要注意的是，库存现金的供应并不独立于持币需求。[4]如果库存现金需求增长，物价下跌，货币提供的服务就会自动增加，但实际数量并没有增加。因此，货币供应量即使没有增长，对实际库存现金

[1] 当然，对于人们增长实际现金余额是有一定限制的，这个限制程度就是满足基本生活消费需求。因此，货币需求总是被基本生理需求限制。正如罗斯巴德指出："人们的货币需求总是有限的，因为人们总是要消费。因此，货币需求也许永远不可能无限制。相反，现存的消费需求将要求一定投资。"(2001，第692页)

[2] 参见萨莱诺(2003，第85页)。

[3] 萨莱诺(2003，第85页)正确地指出了这种现金积聚型通货紧缩的正面福利影响："尽管美元总收入减少，但是由现金积聚引起的通货紧缩过程非常温和，有益于更好的经济福利。一开始，一些货币持有者通过自愿、利己的决定去限制在市场上以过去的价格交易自己的货币资产。然而，由于美元供应量恒定，唯一能够满足货币需求的办法是使货币更加值钱。因此，货币的总购买能力提高了。物价下跌时，总货币财富或者"实际"货币供应量增大了，可以满足需要增加现金余额的人。"

[4] 参见许尔斯曼(2003a，第50页)，他说："这样的独立性的确出现在其他商品中，原因是大多数商品的供应量主要取决于商品的物理属性。但对库存现金来说，供求并不独立，供给依靠需求，需求也依靠供给。如果货币数量增加，单位货币购买力将下降，这就意味着单位货币提供的服务就会减少。由于货币所有者只对这些服务量感兴趣，而不是名义数量，因此他们对货币名义数量的需求将比过去更高。"

的需求也得到满足了。如果货币供应量增大——要么是生产黄金①，要么是纸币通货膨胀——人们也不会花钱，直到实际现金余额增长到合意水平。因此在实物本位制下，名义和实际现金余额都增长。然而，在纸币本位制下，名义现金余额的增长并不意味着实际现金余额的增长。随着供应更多纸币，物价也会随着上涨。当人们预期未来物价进一步上涨，就可能引起恶性通货膨胀。这时，人们在目前价位抢购商品的速度加快，物价上涨速度远大于货币供应量增长速度。随着物价增长快于票面货币的供应量，实际现金余额将下降。货币供应量的进一步增长将导致实际现金余额的进一步下跌。在这种情况下，通货膨胀进入恶性循环。因此，许尔斯曼以下观点只适用于法定纸币本位下的恶性通货膨胀：

对于"调整"货币供应量以满足需求的做法不仅多余，且毫无意义。增加名义货币供应量远不能抵消实际需求的增长，只可能引起库存现金需求的进一步提高，远不能平衡库存现金供求。名义货币供应量的增加只会引出更多的名义货币需要(2003a，第50页)。

的确，为应对货币需求的改变，对货币供应量的"调整"是多余的。然而，这并不是指许尔斯曼的观点没有意义，例如，在实物本位制下，实物货币生产的增加可以满足那些想要增加现金余额的人。货币供应量的这种增加并不会引起名义供应量的增加。也就是说，实物货币的增加将填补对该货币的持有需求，而不会引起物价上涨。

---

① 金本位中，当黄金的购买力上涨，更多的资源用于黄金开采。黄金开采满足了消费者想要持有更多黄金的需要。

3.2.3.3　投机型现金积聚

投机型现金积聚的原因

当人们预判货币购买力会增长，可能就会投资货币，增加货币投机性需求。人们可以从以下几个原因预判货币购买力的增长：货币数量减少、通货紧缩加剧、货币质量提高、更高不确定性所引致的货币需求增长等等。无论何种情况，投机性需求加快了市场趋向预期值的调整速度。

现在，我将简略地介绍货币投机需求扮演着重要角色但常常被人忽视的一种情形：货币起源。①当企业家选中一种商品用作交易媒介时，人们对这种商品的需求会随之增加。随着其应用越来越广泛，价格也会不断上涨。在这种商品从交易媒介进化到货币的过程中，其购买力将会大幅提高。现在，当人们预期一种商品可能会成为被人们普遍接受的交易媒介，他们就会投资这种商品。这就是货币投机需求。在货币的起源过程中，货币的投机需求将会加速这种交易媒介的发展进程。通过投机，这种商品的购买力将会进一步增大，直至预期临界点。因此，这种商品将会像货币一样越来越受欢迎，并被广泛应用。所以说，投机需求加速了货币的兴起和发展。由于投机需求，人们很容易从货币经济中获益。

投机型现金积聚的结果

现在我将详细讨论投机导致的库存现金需求增长所带来的影响。必须认识到，当一个人在决定想要持有的现金数量时，就变成了货币投机者，无论是商人还是消费者。如果一个人预计他感兴趣的商品、

---

① 关于货币的起源，参见卡尔·门格尔(Carl Menger)(1871)。

服务和资产的价格会下跌，并且价格下跌的程度足以补偿他推迟享受这种商品、服务和资产，那么他就会暂缓购买。相反，如果预期他将要出售的商品、服务和资产的价格会下跌，他就会在价格下跌之前立刻出售。[1]

这些都会增加投机者的库存现金。他"囤积"货币，为的是货币购买力在将来会增大，或至少物价下跌至有利水平。[2]在外人看来，当一个人因持续增强的不确定性或为增加财富而增加库存现金时，其带来的影响都一样。两种情况的区别在于，如果投机者坚持最初计划，那么会在物价下降至预期水平时花掉其增加的库存现金。

投机者通过限制购买或急于出售，会对物价造成下行压力。当物价最终下降至预期水平，由于投机者额外的购买或因物价下跌所致的出售减少，又会给物价带来上行压力。预期成真，投机者就会获利；但一旦预判错误，就会遭受损失。因此，在投机过程中，差的投机者会被淘汰，好的投机者会赚取利润。

自然，货币投机会导致货币购买力增强或者物价下跌。当预期物价下降的投机者比预期物价持平或上涨的投机者影响更强时，物价就会趋于下降。正如米塞斯就该问题时指出：

但是，如果人们相信他们正处于现金购买力即将巨变的前夕，情况就有些不同了。当人们预期所有商品的价格都会上升(或下降)，他们将扩大(或限制)购买。人们这样的态度将大大推动并加速这种趋势。当趋势超过某个临界点，货币购买力就不会进一步发生预期的改

---

[1] 当然，生产者当前的出售能力受其现有商品库存量限制。
[2] 参见罗斯巴德(2001，第673页)。

变。只有到这个时候，人们购买(或售出)的意愿才会停止，才会再次开始增加(或减少)其库存现金。(1998，第423页)

换言之，货币购买力向预期临界点的调整被加速了。①原则上讲，这个临界点可以很快达到，它取决于企业家的才能。一旦到达这个预期临界点，投机者将会出售投机货币，赚取利润，进而阻止了购买力的进一步上升或物价下跌。

对于所有投机行为而言，货币投机是具有自修正属性的。投机者尽力寻找潜在的货币非投机需求。②当然，他们也可能犯错。如果投机者的预判错误，就会遭受损失。假设一些投机者预期物价会下降并已增加了现金余额，随着现金余额的增多，物价会趋于下降。然而，如果错误，即在底价时出现商品短缺，那么他们的商品需求会增大，出现哄抬物价。因此，物价再次上升，并导致投机者减少现金余额，遭受损失。

3.2.3.4 质量型现金积聚

质量型现金积聚的原因

人们现金需求增长还有一个容易被忽略的原因，就是货币质量需求的增长。③货币质量可以定义为"行动者所感知的货币履行主要功能的能力，即履行交易媒介、储存财富和计量单位的功能"(巴格斯

---

① 参见罗斯巴德(2001，第673页)。

② 参见罗斯巴德(2001，第674页)。

③ 金融创新(信用卡、ATM机、货币市场共同基金)和付款频率也影响了现金需要。然而，金融创新和较低的付款频率通常导致货币需要的下降，可能更容易引起物价膨胀。因此，这里就不再详细讨论这些问题。

2009，第23页)。^①

货币质量将影响货币的边际效应及其相对其他商品的价值估量。当货币质量提高，货币单位相对其他商品的价值就会增加。影响货币质量的因素是多方面的，可以根据货币的主要功能(计量单位、交易媒介和储存财富)进行分类。

货币的计量单位功能相当稳定，只有在发生恶性通货膨胀的时候才会出现问题。因此，我们将不再详细分析影响货币计量单位功能的因素，更容易受到影响的是货币的交易媒介和储存财富功能。

要想成为一个好的交易媒介，人们强烈的非货币性需求非常关键。非货币需求可以为货币持有者提供一种防止货币被废除的"保障"。当人们对货币的非货币性需求增加，货币质量也连同会提高。当越来越多的人接受这种交易媒介，货币的交易媒介功能发挥得就越好。一个好的交易媒介的其他属性还包括低廉的运输和储存成本，具备可分割性、可分辨性和一致性，且使用方便、经久耐用。如果这些属性得到进一步改善，货币需求就会更大。

货币是流动性最强的商品。人们使用它来储存财富，因为当出售商品时，通常不会在同一时刻就购买所需商品和服务。因此，拥有一个好的财富储存非常重要。要想成为一个好的财富储存，必须具备好的流动性和可囤积性。流动性是指大量购买和出售这种商品的成本，而囤积性是指少量购买和出售这种商品的成本。

货币数量改变的可能性也是影响货币质量的一项关键因素，因为它影响了货币的财富储存功能。而货币的生产成本也非常重要。在自

---

① 对货币质量更详细的分析，可参见巴格斯(2009)。

由市场环境中，多个货币的生产者相互竞争，货币的生产成本最终由主观评价决定。相对其市场价格，货币生产成本越高，货币存量增长越慢。同时，现有货币供应量相对于货币产量的程度对货币的财富储存功能非常重要，程度越高，这个商品发挥财富存储功能越好。

然而，在法币本位制下，货币的生产成本可以忽略不计，且不会限制货币生产。这样，纸币生产者自我约束的可信度将影响货币的质量。流通货币的制度环境变得非常重要，比如中央银行的组成、形式"独立性"、法规制度和资产托管。这些环境的改变将影响货币质量，从而影响人们对货币的需求。

货币单位的完整性也是影响货币质量的一个重要因素。当铸币磨损消耗，或者政府控制的实物本位制下的赎回率发生变化，货币的完整性也会发生变化。例如，当政府暂缓铸币赎回，货币质量将下降；当政府恢复货币赎回，货币质量将上升。赎回率的变化将引起货币质量发生巨大变化，因为货币产权属性改变了。不可兑换纸币简单代表了不确定数量的债务，而实物货币的存单则代表了确定数量的债务。

甚至当在纸币本位制下赎回被暂停，中央银行和银行体系的资产仍然影响着货币质量，这些资产支撑着银行债务。当银行经营不善或破产，这些资产将被债权人和银行储户接管。这些资产越好，银行体系发行的货币替代品的质量就越好。中央银行的资产尤为重要，可以用于保护货币的内外价值。中央银行可以使用这些资产回购市场上的货币，减少货币供应量，提升货币价值。这些资产还可以用于货币制度改革。因此，如果中央银行的资产大多数是高价位购买的不良债券或是黄金，那么它对货币质量的影响就非常大。

最后，政府的意识形态、信誉、状况和政策将影响货币财富储存属性的质量。财政不稳健的政府为解决财政问题，甚至不惜破坏自身的货币本位制，可能会放弃实物本位制，改变赎回率，超量发行货币。因此，经济发展和其他影响政府征税能力和财政状况的因素也间接影响着货币质量。

质量型现金积聚的结果

当货币质量提高，人们的货币持有需求也随之增大。当货币的交易媒介和财富储存功能得到改善，货币质量就会提高。这些改善包括：对货币非生产需要的增大、更多人开始使用、生产成本急剧增长、技术创新提高可分割性、铸币赎回业务恢复，或者中央银行获得"独立性"等等。影响货币质量的因素是多方面的，以上所提只是一部分。

货币质量越高，其相对其他商品和服务的价值就会越高，就会有更多的人进行买卖，人们就会愿意持有更多的现金。当货币质量提高，其购买力也就会更强。结果，市场物价将出现相对下跌的趋势。

3.2.3.5　现金积聚和生产结构

实际现金余额增长除了会引起物价下跌趋势之外，还会引起其他后果吗？首先，实物本位制下，更多的资源会用于生产这种实物货币的商品，生产结构也随之改变。①此外，对于货币体系还有其他影响。由于人们的货币需求不会一致，有着不同偏好，那么库存现金需求增

---

① 许尔斯曼(2009)曾经详细讨论过这个问题。当货币需求增加时，货币购买力趋于增强。当商品货币产量增大，并不断吸引其他项目的生产要素，生产结构就会改变。然而，就因此说生产结构的资本密集度降低难免有些武断，因为货币生产设施也是生产资料的一部分。货币生产行业(金矿开采)一个小小的增长，都将引起其他行业的萎缩。如果时间偏好和实际储蓄总量仍然不变，那么利率也将不变。因此，我不同意许尔斯曼的观点，他认为由于在采矿行业使用的生产资料增加，利率也会相应增加。

长就会对不同商品产生不同影响。因此，不同商品间的相对价格就会改变，相应地，不同个人间的相对财富地位也会发生改变。但生产结构如何变化？一方面，这取决于在这一过程中收益、损失两方的时间偏好；另一方面，取决于用于现金持有的货币的初始来源。货币收入可以用于以下三个方面：消费品、生产要素、增加现金余额。一个用于消费，一个用于投资生产要素，另一个用于投资货币。现金积聚的现金来源可以是原本用于消费的货币，或原本用于投资生产要素的货币。如果现金余额增长是由限制消费或出售消费品引起，那么生产结构将会变长、变宽。更多的消费品被释放出来，并可以被用于促进更长、更宽的生产过程。相反，如果现金余额增长是由限制投资或出售资本品引起，那么生产结构将会被缩短。

用于消费和投资的货币有可能按相同比例同时减少。这就意味着，现金余额的增长和物价的可能下跌并不会导致一个资本密度更低的生产结构。生产结构的改变方向取决于时间偏好向哪个方向改变。如果时间偏好增加，生产要素的投资就会减少。如果时间偏好降低，消费就会相对减少，并用于支持投资。①

现在将更加详细地讨论现金积聚增长的两种情况，以及其对生产结构的影响。首先是由限制购买消费品或倾销消费品引起的现金积聚增长，结果是消费品价格趋于下降，且价格相对于资本品下降。因此，资本品的生产利润相对消费品有所增高。这些因限制消费而被释

---

① 这种情况下，需要注意的是货币的投机需求也受时间偏好影响，因为投机者需要等待获得投机利润。随着时间偏好降低，投机者将会投资更多，并减少消费。如果这个投资对他来说有价值，也会投资更多的货币。相反，如果时间偏好率增加，他就会出售全部或部分货币投资。

放出来的资源①将被用于支持资本品的生产过程。结果，生产结构被加长，资本密度更高，因此更具生产效益。换言之，库存现金的增长间接推动了资本积累。由于相比没有库存现金增长时，资本品(用于支持生产效率的消费品)价格没有那么高，企业家用于加长生产结构的资本就会增加。②这就意味着经济增长，从这个意义上讲生产结构变得更加高效了。当这个新的更长、更高效的生产过程完成，将会出现更多同样的产品或质量更高的产品。因此，有两种趋势导致了价格下跌，即货币需求增长和经济增长。

需要注意的是，由减少消费引起的货币需求增长(囤积)与由增加储蓄和直接投资引起的货币需求增长，对生产结构产生的影响都是一样的：生产结构更加资本密集。两种情况下，消费品都被用于加长和扩宽生产结构。与增加储蓄和直接投资不同的是，由减少消费引起的库存现金增长并不直接用于投资生产、加长生产结构，而是由其引起相对价格变化而间接影响生产结构。③

由减少投资和出售资本品引起实际现金余额增长的情况下，资本品相对消费品的价格将下降，资本品产业相对消费品产业的利润相应也会下降。因而，生产资源都流向利润更高的消费品产业。生产结构被破坏，生产力下降。当生产结构发生调整时，消费品的数量和质量

---

① 在理查德·冯·施特里格尔的学术术语中，在迂回生产期间，用于支持工人的生存资金是不断增长的。因此，可以进行周期更长的生产项目。参见施特里格尔关于生产资金在生产结构中的作用。(1934，第1-52页)。

② 参见米塞斯(1998，第518页)。

③ 参见韦尔塔·德索托(2006a，第448页)和米塞斯(1998，第518页)。需要注意的是，一个企业主通过减少消费的方式进行现金积累，用以加长生产结构。他的确含蓄表达过，这种资金积聚方式在生产结构加长完成之后将进行改变。而如果新项目完成之前，人们增大消费开支、减少囤积，那么相对用于资本品，消费品的价格就会上涨。并且，在实物本位制下，货币生产行业(也就是采矿业)相对其他行业将会上涨。

将会减少，社会贫困化。[1]这里有两种作用相反的影响力影响着货币购买力：一是货币需求的增长引起货币购买力增强，二是经济衰退引起货币购买力减弱。

必须要注意的是，不确定型现金积聚对生产结构还有其他影响。一方面质量型现金积聚和投机型现金积聚本身对毛利率呈中性影响，另一方面是不确定型现金积聚对收益曲线产生影响，因此也对生产结构有影响。

正如上面所提到，当不确定性增加，人们想要增加流动性，即现金余额。[2]相对流通性更强的短期储蓄产品，他们更愿意削减长期性储蓄产品。在前景不确定时期，人们为了改善其资产的流动性，可能会出售十年期债券，买进三月期商业票据。由于投资决定瞄准了更高的流动性，相对于短期产品，长期投资产品的利率将上升，收益曲线会变得很陡。换言之，当因更高的不确定性引起现金积聚，人们倾向于通过避免相对长期的投资来增加所持现金余额，从而导致生产结构变短。[3]

---

① 参见韦尔塔·德索托(2006a，第448页，脚注87)。

② 不确定性厌恶解释了收益率曲线的上涨趋势。由于时间偏好，人们更喜欢流动性更强的资产，他们希望尽快持有流动性资产。因此更短期的贷款相对更不流动的长期贷款有更低的收益。

③ 需要强调的是，人们的投资需求从长期储蓄产品转向短期储蓄产品(债券、贷款等)，并不一定影响实际生产结构，只是有可能会影响。的确，使用短期贷款和债券可以用于资助长期投资项目。然而，在不稳定前景越加明显且短期不会改变时，企业家用短期贷款资助长期投资将增加风险暴露，这种做法很可疑。很有可能，生产结构将会缩短，反映的是已加大的不确定趋势。对生产结构的影响也取决于不确定性的种类。例如不确定性可能由于一场自然灾害而暂时性增加，或者因为政权更迭，当不确定性增大，长期项目相对短期项目的风险更大，从而导致生产结构变短。对消费品，或者那些很容易转变成消费品的流动性产品的消费和生产将会增加。因此，更多储蓄将被使用得更保守，例如短期投资。他们不会投资那些长期项目，而是投资短期的项目。收益率曲线将反映这种预期。

3.3 银行信用型通货紧缩

3.3.1 银行信用型通货紧缩和物价

银行信用紧缩是指银行授予信用总量减少。为解释这一概念，需要对下面一些概念进行解释。[①]信用扩张是指以发行信用媒介的形式扩大信用规模。信用媒介是一种没有狭义货币准备金作支撑的货币替代品。法定货币制度下，法定货币纸币被看作是一种狭义货币。银行存款是一种货币替代品，当这种银行存款不再有现金支撑，那么它就成为信用媒介。通过发行信用媒介授予的信用被称作流通信用(circulation credit)。当银行通过发行不受现金支撑的银行存款来授予信用，这不仅重申了信用(这已经影响了物价、工资和利率)，还是一种信用扩张。

在信用紧缩过程中，流通信用和银行存款将减少。因为银行存款和银行券是货币替代品，从广义上说，货币供应量(包括狭义货币和货币替代品)因此减少了。所以说，银行信用紧缩也是一种货币通缩。

银行信用紧缩只可能发生信用扩张之后。当并未出现伴随一个新信用媒介的信用扩张时，从逻辑上讲，信用媒介是不会被摧毁的。

---

① 关于这个学术名词，可参见米塞斯(1998，第432-434页)。

同样，信用紧缩必定受信用扩张的数量以及由此产生的流通信用的限制。相反，信用扩张可以不受任何限制地增长。[①]通常，信用紧缩在市场出现扩张性繁荣之后发生，且本身构成了经济衰退。[②]当市场出现信用扩张，利率被人为降低，经济出现虚假繁荣，但随后不久将陷入经济衰退期。这就是奥地利学派的商业周期理论(ABCT)。

3.3.2　奥地利学派商业周期理论

为了理解信用紧缩在经济衰退中的动态演变，我们必须明白经济周期为什么会出现？经济周期如何运转？即为什么周期性的经济繁荣和衰退会反复出现。[③]

银行体系通过信用扩张增大货币量，从而引发所谓奥地利学派的商业周期。在信用扩张中，银行凭空发行大量信用媒介。新发行的信用媒介被注入贷款市场，降低了市场利率。因此，信用扩张将导致利率下降，至远低于市场参与者预期的程度。[④]换言之，市场的可用资金与市场参与者的偏好不匹配。由于利率相对降低，企业家可能会误认为储蓄总量增加了。因此，他们会加大投资力度，扩大投资项目，以

---

① 参见罗斯巴德(2001，第867页)。

② 信用紧缩也有可能发生在非商业周期衰退期。这种情况只可能发生在利率未被改变的货币政策扭曲时。

③ 对奥地利学派商业周期理论的论述，可以参见韦尔塔·德索托(2006a)，米塞斯(1998)，罗斯巴德(2001，第850-879页)。

④ 许尔斯曼(1998，第4页)曾经指出，情况并不一定会这样，因为新的信用媒介对物价的影响可能已被企业家预期，并被看作是利率的一种通胀溢价。企业家可能会低估、高估或准确评估信用扩张对物价的影响。只有当他们低估了这种影响时，才会出现人为降低利率，新的一轮商业周期将会显现，不良投资也会出现。

致仅靠现有的资本品都难以完成。利率降低后，这些投资项目看起来都有利可图；而如果利率不降低的话，这些投资项目将无利可图。利率降低对长周期投资项目的影响比短周期投资项目的影响更大。且受低利率影响，未来的投资收益大打折扣，故资本品的市场价格开始上涨。因此，建设周期长的消费品投资项目开始了。市场出现大规模投资风潮的关键原因是企业家误以为储蓄总量增加了，增加了对资本品的需要。

当生产要素所有者获得新货币，并按照以前的消费-储蓄比率进行消费(即并没有增加储蓄)，消费品需求将相对增加。而由于投资消费品的生产项目需要较长时间，其供应开始减缓。这种消费品需求相对增加而供应却相对吃紧的局面，将导致消费品价格的上涨。并且，消费品价格的增长将使消费品产业比资本品的利润更高。这样，利率甚至又会上升到比没有信用扩张时更高的水平。[①]当信用扩张停止，并已对物价产生影响，利率就会返回到以前的水平。因此，这会对利率造成持续的上行压力。而考虑到信用扩张引起的物价膨胀，价格溢价也被包含在名义利率之中。这个时候，企业家意识到了市场上并没有足够可用的储蓄，因此信用需求就增大了。为了急于完成投资项目，他们会相互竞价，抬高市场利率。但反过来，利率的增长又会降低现有资本品的价值，使投资项目看起来变得无利可图——在利率被人为降低的时候，这些项目看起来是有利可图的。结果，资本品产业的损失也会加重。并且可以预见的是，仅仅依靠现有的资本品，并不是所有的投资项目都能够顺利完成。就这样，经济衰退的迹象开始显现。

---

① 参见韦尔塔·德索托(2006b，第295-297页)。

一些耗时较长的高阶生产投资项目不得不被放弃，生产要素流向耗时较少的低阶生产投资项目(这些投资项目生产消费品的时间更快，获得的利润更高)。投资项目被弃，公司宣布破产并开始清算，相关企业和个人遭受巨大损失，资本价值和资产价值双双下跌。稀缺的资本品并没有被用于满足消费者最急切的需要，而被浪费，其他资本品只能调整到满足消费者喜好的程度，引起生产成本上升。另外，在产业结构调整过程中，时间也被浪费了。

3.3.3　信用紧缩的原因

3.3.3.1　简介

经济衰退时，信用紧缩很可能发生。然而，并不是必然发生。[1]甚至如果没出现信用紧缩，经济衰退也一样会发生。经济衰退发生的必要条件是信用扩张步伐的减缓。[2]然而，历史经验告诉我们，经济衰退通常都伴随着信用紧缩。在下文中，我们将分析是什么原因引发并

---

① 参见罗斯巴德(2000，第14页)

② 参见米塞斯(1998，第566页)，如果新的信用注入市场，经济繁荣有可能持续一段时间。要想市场继续保持繁荣，就需要更多的信用注入市场。出现这种情况主要有两方面原因。第一，当信用扩张在某一时刻开始影响到实体经济，消费品相对资本品的价格就会上升。而促使消费品价格上升的原因又是多方面的。首先，由于新的货币被用于新的投资项目，生产要素所有者的收入将会增加，并将一部分收入用于购买消费品，从而引起消费品价格上涨；其次，在经济繁荣时期阶段，新的投资项目纷纷上马，他们生产消费品所需的时间要比以前更长，导致消费品的流动减缓，引起价格上涨；最后，由于股票价格上涨，人们认为自己的实际财富增加了，因此开始扩大消费。第二，由于上文已提及的几个原因，市场利率开始上升。如果没有信用扩张发生，利率会重返其自由市场的水平。并且，价格溢价也会包含在利率之中。为了完成已开工的投资项目，企业家不得不接受更高的利率，四处寻找新的信贷。因此，市场需要更多的信用，以人为降低利率。

推动信用紧缩。

3.3.3.2　部分准备金银行和信用紧缩

信用紧缩也许最先出现在采用部分准备金制度的银行。正如米塞斯指出，"银行面对经济过度繁荣可能会感到害怕，并开始抑制进一步的信用扩张。"(1998，第559页)他们会增加准备金以满足可能增加的存款提取。增加准备金的方法有以下几种：出售部分资产，但会导致资产价格降低；或通过限制流通信用的方式增加准备金。[①]当信用返回，他们将不会再延长或者重新借出；[②]他们提高利率以限制信用需求，狭义货币将返回银行并且不再用于创造新信用，因此，银行的狭义货币准备金变得更加充足了。为什么面对过度繁荣的经济银行会变得担忧？

首先，根据历史经验，银行知道在一个突然性的经济繁荣之后势必出现经济衰退。第二，他们观察到那些曾给予融资的公司将要破产，投资项目会变得无利可图。第三，当经济衰退来临时，银行变得更加谨慎，并开始限制信贷。另一个可能触发银行信贷紧缩的是资产价格泡沫破裂。当资产价格下降，银行用于支撑信贷的资产也将贬值。为改善偿付能力，银行开始限制信贷。因此，库玛尔等认为："大宗资产价格对资产负债表、总需求的影响开始下降，而这种影响

[①] 参见米塞斯(1998，第564页)，韦尔塔·德索托(2006b，第204页)。

[②] 经济衰退让一些商业贷款者感到恐惧或丧失信心，他们会减少投资或清算投资项目，以尽早偿还银行贷款。这样的情况也可能会引发信用紧缩的发生。然而需要注意的是，银行很可能再次企图发行信用媒介，并通过发放低息贷款、购买有价证券的方式稳定市场货币供应量。这取决于银行在这种情况下是否愿意增加准备金、紧缩信用(罗斯巴德，2000，第14-15页，脚注10)。

有时与通货紧缩相关。"(2003，第7页)

当银行预测到经济衰退的来临时，为什么要限制信贷？经济衰退中，许多不良投资将被清算，一些公司相继破产。对银行来说，这意味着许多贷款将变成呆账、死账，无法再收回。当这些贷款人不能偿还他们的信贷，银行将遭受巨大损失。没有货币流回银行，银行的准备金将减少，且银行的其他资产也开始贬值。当普遍的悲观情绪在市场中蔓延，许多公司都将陷入财务困境。在经济衰退中，股票和证券的价格将会下跌，其中一个原因是利率增加降低了它们的净价值。随着银行资产快速贬值，对银行的不信任情绪也开始蔓延。当一家银行遭受巨大损失，资产贬值、信贷不能收回，那么它的准备金率也会下降。存款者开始担忧银行的偿付能力，并开始取出存款，银行挤兑就发生了。为阻止出现任何流动性问题，银行必须限制信贷，提高准备金率。

3.3.3.3 中央银行和信用紧缩

中央银行可以有意收紧信用，主要有三种基本方法。第一，中央银行可以提高最低准备金率。如果银行持有的准备金较低，他们会尽力限制信贷以改善准备金。当到期的信贷被偿还，回笼资金不再用于放贷，而是用于增加准备金。银行也可以通过出售资产的方式增大准备金，但是代价太大。

中央银行可能会更经常使用其他两种机制紧缩信用。

第二，提高证券或商业票据的贴现率。如此一来，银行就要为以证券支持向中央银行的所借贷款支付更高的利息。银行通常将这些来自中央银行的货币用于扩大信贷。为了有利可图，银行不得不提高信贷的利息，且高于自己向中央银行支付的利息。当中央银行提高利率，银行有几种选择。他们可以减少向中央银行的贷款，减少发放的信贷规模。相对过去的低利率环境，这样等同于信用紧缩。他们也可以向中央银行申请与过去同等数量的贷款，但为了有利可图，必须提高发放信贷的利率。由于利率升高了，信贷需求也减少了，因此，银行发放的信贷减少了。银行可以同时使用以上这两种方法应对中央银行的高利率。但无论怎样，银行信贷收紧了。

第三，中央银行为了收紧信贷的最后一种方法是公开市场操作。中央银行可以出售有价证券给银行，银行的准备金随之减少。当银行的准备金下降，如果想保持准备金率，就不得不收紧信贷。

那么，为什么中央银行想要收紧信贷？基于中央银行的设立原则，可能有以下几种原因。最初，中央银行是为了提供便宜的信贷以促进经济增长而建立，故从逻辑上讲，中央银行根本就不会限制信贷。但在金本位制下，中央银行为了拯救银行。因此，中央银行就充当了最后贷款者的角色，并同时对银行进行控制。为了挽救金本位制，当其准备金流失时，中央银行被迫收紧信贷。中央银行可以恢复一种贬值的通币以替代旧币本位制。[①]通过限制信用，信用媒介的数量减少，利率开始上升。由于利率提高，黄金开始回流国内，储蓄随之增长。结果是，由于信用媒介减少，物价将面临下行的压力。

这种情况也适用于纸币本位制。通过限制信贷，物价将面临下行压力，低于没有信用紧缩时的物价。而物价的下跌将导致外汇汇率上升。

除了这些原因，还有其他一些原因解释了为什么中央银行决定收

---

① 参见萨莱诺(2003，第86页)。

紧信贷。其中一个原因是中央银行必须掌控本国经济，并对其进行微调，以保证消费品物价稳定、推动经济增长。

为了利用闲置资源，信贷扩张变得有利可图，生产增长和物价膨胀并不是一个问题。当经济萧条时，中央银行必须通过降低利率、扩大信用规模的方式给经济注入活力。当这些资源被充分利用，消费品的价格面临通胀压力。当经济繁荣或"增长太快"，中央银行就必须限制信贷以扼制物价上涨。因此，中央银行会提高市场利率，以降低信用扩张的速度。

中央银行的另一个原则源自米尔顿·弗里德曼的意见。他建议为了稳定终端产品价格，无论商业周期如何，中央银行都应该以一个稳定速率增加货币供应量。[1]所以当货币供应的增长速度超过规定速度时，中央银行将会限制信贷。

中央银行限制信贷的最后一个原因是基于中央银行的最后贷款者和银行体系监管者，对不稳定银行体系的担忧。限制性货币政策被认为可以有效改善银行体系稳定性，阻止其崩溃。经济衰退时期，许多银行破产，资产贬值，储户对银行的偿付能力失去信任。人们为了拿回存款，银行挤兑随之发生。一个银行的破产可能引起社会对银行业的不信任，而破产的银行可能从其他银行贷过款，那么这些信贷也变成了坏账。所以，当银行挤兑不断蔓延的时候，部分准备金银行体系也岌岌可危。当然，中央银行会尽力阻止这种事情发生，为遭受压力的银行提供流动性资金。但这样的做法可能产生意想不到的副作用，例如通胀压力。虽然中央银行并不想陷入此困境，但在这种情况下首

---

① 参见弗里德曼(1969，第46-48页)。

要选择是拯救银行体系。当中央银行认为经济增速过快、失去控制的时候，他们就会收缩信贷，提高准备金率以稳定银行体系。

3.3.3.4　储户和信用紧缩

银行储户也能导致信用紧缩。一种可能性是储户的大部分货币都在银行体系之外使用[①]。他们更多的支付形式采用现金，而不是通过银行体系的信用卡、支票等。这样结果是银行可用于扩大信贷的狭义货币减少了，因此不得不限制信贷以保持准备金率。

另一种可能性是储户失去了对银行的信任。对银行信心的丧失可能是因为储户害怕经济下滑或者担心银行持有太多的投机、无利润的贷款。[②]他们可能取走原始存款，而这些存款是构成银行的基础。[③]为应对这种兑现，银行不得不限制信贷以保证准备金率。另一种最极端的形式是储户直接大量地减少存款，引起银行挤兑。为此，银行不得不立刻清算信贷或其他资产，以偿还这些存款。因此，他们减少信用媒介数量，通过出售资产的方式获取现金，资产大幅度贬值。他们把现金交给储户而储蓄消失。当银行破产，资产将被清算以偿还储户的索取要求。而这些银行发行的信用媒介也将不再是市场货币供应量的一部分。当社会陷入银行恐慌，银行挤兑随之蔓延开来。如果没有中央银行的干涉，作为货币供应重要组成部分的信用媒介可能会被摧毁。

---

① 参见韦尔塔·德索托(2006b，第204页)。
② 参见桑顿(2003，第7页)。
③ 参见萨莱诺(2003，第86页)。

3.3.4 信用紧缩的恶性循环

经济衰退中的信用紧缩可能演变成一个恶性循环。[①]当信贷被限制，那些依靠信贷扩张的公司将会陷入财务困境。当公司破产，银行的资产负债表将恶化。当许多公司陷入财务困境，资产价格可能大幅贬值。为了增加准备金，银行开始出售资产。当资产价格下跌，公司在申请新贷款时提供的抵押品价值会降低。当他们的债务总量未变，而持有资产贬值时，那么他们的资本净值就降低了。银行随后将提高利率，进一步恶化资产贬值势头，压低资产价格。至此，信用紧缩有可能逐步演变成信用恐慌，甚至信用危机，没有银行再愿意放贷，谁也不知道否能收回。而部分准备金制度下的银行之间也开始相互怀疑对方的偿付能力，并停止相互融资。这样，整个市场陷入一个向下的漩涡：资金困境，资产贬值，企业破产，再牵连其他企业和银行资产贬值，企业破产……

在经济衰退中，人们对未来的悲观情绪加重，因而会增加现金余额[②]，减少开支，从而导致流动性吃紧，迫使物价下跌。并且，信用紧缩也会对物价造成下行压力。那些销售收益下跌速度快于购买成本上涨速度的公司将陷入经营困境，实际负债不断加剧。而糟糕的资产负债表将使这些企业在融资时异常困难，最终无法偿还贷款的公司将面临破产的结局。为清偿债务进行的廉价抛售又会进一步拉低物价水平。当不断有公司破产的消息传出，市场的悲观情绪将更加凝重，

---

① 关于这个过程，可参见费雪的债务-通缩理论(1945，第122-123页)，或韦尔塔·德索托(2006a，第353页)。

② 参见罗斯巴德(2000，第15页)。

现金需求的不断增长，资产负债表也持续恶化，越来越多的人被迫失业。倘若劳动力市场被过度管控、灵活性不足的话，人们的失业可能会持续更久。而这也会加重悲观情绪，增大现金需求。

如上所述，银行业同样会面临这些问题。资产贬值，贷款变坏，储户取走现金并对银行失去信任；银行挤兑出现并开始蔓延，造成社会的银行恐慌症；信用规模不断削减，信用媒介被摧毁；连同运营正常的银行也开始收紧信贷，这些都将对物价造成下行压力，把急需融资的企业推向更困难的境地，加大市场悲观情绪。当市场价格下跌，实际债务和货币需求进一步增长，资产价值不断贬值，最终导致公司破产，而这又会加剧物价下跌……如此反复循环。

那么，自由市场经济中的这种恶性循环如何才能结束呢？这需要满足以下几个条件。首先，物价下降至人们预期的水平。"物价和收入比率降至最低，大多数人会认为物价不会再下跌。"(米塞斯，1998，第567页)其次，不良投资被清算，生产结构被调整至消费者最急需的产品。[1]部分准备金银行开始清理不良资产，反思风险管理。那些从物价下跌中获利的债权人开始增加消费；当发现价差上升趋势时，又会加大投资。随着新公司生产与消费者偏好逐渐一致，资产价值开始上涨。而幸存下来的公司所面临的竞争压力大幅减少，悲观情绪开始消失。

但是，难道这种恶性循环不会击穿"自由市场的平衡"吗？如

---

[1] 正如米塞斯指出，调整的过程可能因人们的心理因素而被延缓："甚至没有新的信用扩张，这个调整过程也会被还未走出阴影的人们的挫败感和失望情绪而拖累。人们会走出自我概念中的虚假繁荣的过程，商人们继续他们无利可图的投资项目。他们被虚假繁荣蒙蔽了双眼，失去了宝贵的洞察力。工人们延迟了债务偿还期限，如果可能的话，他们并不想降低生活水平或改变工作和居住地。

许尔斯曼指出："当物价降至一个非常低的水平值得购买的时候，人们仍然会恐慌，守住自己的现金。"(2003a，第56页)这种情况不太可能发生，因为企业家们不会让这些商业机会白白溜走。甚至不太可能发生，但这种情况理论上是可信的。如米塞斯评价："在这个时候，人们失去了自信心和企业家精神，以至于不能充分利用这些商机。"(1998，第576页)如果真变成这样的话，物价就会持续下跌，导致市场钞票和铸币进一步减少。由于不同货币之间竞争加剧，可能导致出现一种或者几种新货币。这种情况的关键是"击穿"，它暗示了通货紧缩已经非常严重了。①但问题是哪一个标准是"非常严重"？至少从谨慎者的观点看，这个过程已经到底了。并且，"信用紧缩既不会产生不良投资，也不会造成过度消费。不会对市场造成持久性伤害。当紧缩走到终点，重新调整的过程并不需要弥补资本消费造成的损失。"(米塞斯，1998，第565页)

生产结构并没有被人为地扩展，所以不一定必须对投资项目进行清算。不可兑换的资本品没有被浪费，因为在经济虚假繁荣时期，它们没有被用于满足消费者最迫切需求的生产中。相比未出现经济繁荣时，这时的生产结构可能缩短了，这也反映了社会的悲观情绪和资本品的部分损失。然而，罗斯巴德对此的观点就容易人产生误导，他认为"通货紧缩过程将会击穿自由市场的平衡，并提高物价和利率"。(2001，第867页)哪一种市场平衡不会考虑市场参与者的心理状况、悲观情绪、不确定心理和预期、感觉？当然，这些因素影响了时间偏好以及生产结构，也可以决定生产哪一种商品。罗斯巴德错误判断了经

---

① 例如，罗斯巴德使用过这个词(2001，第867页)。

济衰退后的市场真实状况。人们总是容易沉迷理想状态，并认为目前状况的未来前景是错误的。人们可能在任何时候都认为，对未来前景的判断应该更乐观，因此应该减少消费并且增加储蓄。但是，研究专家应该依据哪一种标准来断定这种对未来前景的判断是错误的？更重要的是，根据目前市场的悲观情绪或乐观情绪，未来市场将出现什么情况？

从市场参与者的观点看，通货紧缩没有击穿假定的自由市场平衡，而仅仅是到底了。这个时候，人们认为是重新开始消费的时候了。当他们对市场前景进行判断时，会受到自己主观因素的影响，例如恐惧心理、悲观情绪、自欺、不想降低生活水平以及气馁。对他们来说，如何战胜恐惧心理，如何控制风险非常重要。也许他们会认为还不值得消费，但实际没有比这更荒谬的观点了。对他们来说，通货紧缩越彻底，商机就越大。

需要记住，银行信用紧缩和螺旋型通货紧缩只会在银行信用扩张之后发生。这将导致生产结构的错误调整，即社会的跨期不协调。必须解决巨额债务，而这通常有两种方式，一种是上面已经详细介绍的违约并破产。这对不良投资的所有者来说非常痛苦，但又是快速而有效的，对储户和资源管理有益。这种过程也非常有教育意义，可以结束经济繁荣时的疯狂投机。这就是在自由市场中通货紧缩的发展轨迹。

第二种选择是货币通胀，这样贷款就可以被偿还。政府通过支持不良投资和部分准备金银行体系来结束恶性循环。不过，政府的干预行为势必造成严重后果。为了阻止通货紧缩恶性循环，中央银行必须发起新一轮信用扩张，或增加货币供应量。但这些措施将会干扰不良投资和银行的快速清算，并阻止了生产结构趋于正常的调整，从而导致新的不良投资和新的虚假繁荣。通过扩张性银行体系，社会资源将重新分配。社会道德水平继续被便宜贷款、过度消费和热炒投机所蹂躏、践踏。最终，恶性通货膨胀将爆发，不仅摧毁了社会储蓄，还破坏了整个一代人的传统道德观。[①]

3.4 指令型通货紧缩

3.4.1 指令型通货紧缩和物价

政府行为也可能引起物价下跌。当物价下跌是由政府行为侵害财产所有权引起的，称其为指令型通货紧缩。指令型通货紧缩至少有三种形式：价格法令型通货紧缩、强制货币型通货紧缩、法币型通货紧缩。

3.4.2 指令型通货紧缩的类型

3.4.2.1 价格法令型通货紧缩

当政府以限定最高售价的方式控制物价，人为使物价低于现有市场价格，这个时候价格法令型通货紧缩就发生了。例如政府法令规定所有物价必须下调10%(也可能下调的价格各不相同)。当物价被迫低

---

① 货币通货膨胀对道德的破坏作用参见许尔斯曼(2006)。

于自由市场供求平衡价格时，将引发商品短缺。由于价格更低，市场上，购买者将多于出售者。因为价格调控替代了自由市场价格机制，其他一些方法将被用于分配这些稀缺商品，例如排队、友情，或其他非货币报酬形式。并且，投资者对这种商品的投资念头也会被打消，甚至撤出已投入的资本。①即使一些价格在早些时候被政府定得很高，现在的限价虽然可以消除先前干涉的一些影响，但仍会让人感到无所适从。例如，政府授权工会组织制定出黏性的工资水平，导致其工资高于供求平衡时水平，而政府要求降薪的法令将减少失业的问题。当然，政府可能永远也无法掌握自由市场的真实价格水平。②

3.4.2.2　强制货币型通货紧缩

强制货币型通货紧缩是指政府没收或摧毁货币或货币替代品③，金融市场货币供应量因政府的强制力量减少。有三种形式的强制货币型通货紧缩：没收型通货紧缩、财政型通货紧缩和证券型通货紧缩。

没收型通货紧缩

没收型通货紧缩是指政府没收货币或货币替代品，并且冻结或销毁它们，从而导致货币供应量减少。历史上出现没收型通货紧缩的案例有很多，如1948年的德国④，1990年的巴西，1990年的苏联，20世

---

① 对最高限价的影响，可参见米塞斯(1998，第762-768页)。

② 关于中央机构的知识问题，可以参见韦尔塔·德索托(2001，第87-103页)。

③ 还需要说明的是，从理论上讲，个人可能有意识毁掉自己的货币。例如，一些人将货币用于工业生产，使其变成另一种形状，从而不再具备货币的属性；例如，在一个金本位制的经济市场中，一艘包含黄金部件的火箭飞离地球驶向火星，那么这些黄金可以认为已经不再可用。然而，在自由市场中这种形式的货币的减少对经济没有多大实际影响，因为其减少的程度永远不可能引发物价下跌。(2003a，第55页)

④ 如许尔斯曼(2003a，第55页)指出，没收型通货紧缩通常也是政府货币制度改革的一部分，例如1948年德国的货币改革。

纪80年代的阿根廷，20世纪90年代后期的厄瓜多尔以及2001年的阿根廷。没收型通货紧缩通常发生在一次严重的通货膨胀被控制之后。如罗斯巴德说，"通货膨胀之后的没收型通货紧缩是对财产权的双重摧毁，而后者是以自由市场和对抗通货膨胀之名进行的。"(1995，第239页)①正如萨莱诺指出，"没收型通货紧缩侵犯了财产所有权，破坏了货币流通，阻碍了货币交易。"(2003，96页)没收型通货紧缩干扰了市场经济，当人们想使用货币进行交易和计算时，货币却被没收了。不过，当他们被阻止使用这种货币时，就会被迫转向另外一种货币。

财政型通货紧缩

财政型通货紧缩是指政府当局通过税收制度向人民征税，然后将税收销毁或者用于增加银行准备金，从而导致市场货币供应量减少，对物价造成下行压力。财政型通货紧缩与没收型通货紧缩类似，区别在于没收型通货紧缩的市场影响通常是暂时性的，而财政型通货紧缩则通常是持续性的。通过税收制度，政府第一步是将货币从社会收缴上来，然后第二步是销毁这些货币。税收制度和没收型通货紧缩一样，会对市场协作产生负面影响。

假设税收总量恒定，那么相对于将税收用于其他方面，财政通型货紧缩将这些税收销毁对市场造成的负面影响是否更小？销毁这些税收是否比花掉这些税收对市场的扭曲作用更少？征税对自由市场经济的扭曲作用是双重的：第一，市场参与者的收入、资产减少了；第

① 理论上说，通货膨胀后的没收型通货紧缩无疑是对财产的一种摧毁。政府制造货币并分发给人们，但是在人们准备使用它之前，货币又被没收。这一过程中先后发生的通货膨胀和通货紧缩都不会对市场有多少影响，并相互抵消。然而，当通货膨胀充分发展并对市场产生影响后，这时新货币的接收者和货币被没收者并不是同一群人，或者说接收的货币与没收的货币之间有区别，那么财富重新分配发生了，从而影响了实体经济。

二，当税收被政府使用，将吸引社会资源，改变激励机制。当没收型通货紧缩发生时，第二种影响将不复存在。因此，销毁税收比花费税收的扭曲作用更小。

下面是财政型通货紧缩的一个典型例子：在战争时期的一个金本位制经济中，银行被迫通过购买政府债券的方式为政府开销融资。因此，银行的黄金准备金减少了。某一时间，政府暂停了现金支付。战争结束后，财政型通货紧缩被用于帮助市场重新恢复在金本位制下的现金支付，即用来改善银行系统的流动性。政府使用税收并以黄金的形式偿还银行贷款，而银行使用这些黄金增加准备金，而不是用来创造新的信贷，因此信用媒介的数量减少，货币支付的形式又重新开始了。

在这种背景下，可以通过财政型通货紧缩的方式打造100%黄金本位制。约瑟夫·萨莱诺建议：财政部可以把保存于中央银行的税收分给商业银行，以提高他们的准备金率(2003，第92页)。因此，银行的准备金率可以上升至100%。当活期存款由100%准备金支持，货币就可以被兑换成联邦储备系统的黄金。在这个过程中，将联邦储备可用黄金的总量除以将发行货币的总量，以定义黄金货币的新面值。约瑟夫在他的建议中也看到了上述财政型通货紧缩的优势(2003，第92-94页)。财政型通货紧缩下，财政部名义上可花的钱更少了。税收消费者，也就是净税收的接收者，因税收被销毁而所收税款更少，处境变得更糟糕了。而税收生产者，也就是净税收支付者，处境则更好了；因为尽管他们支付了相同额度的税款，但物价由于货币供应量减少而降低了。他们在与税收消费者竞争资源的过程中占尽优势，因为对方持有的货币更少。在一定程度上，资源被重新分配，从税收消费者转移到税收生产者身上，约瑟夫把这种现象称作财政型通货紧缩的"折价效应"。他总结到: "总之, 假定税收总量恒定, 财政型通货紧缩减轻了市场经济的财政负担, 消除了政府开支中的计算混乱问题; 而通货膨胀则增大了财政负担, 恶化了计算混乱问题(2003, 第95页)。

约瑟夫论断中最关键的假定是税收总量给定。一旦税收被收上来, 销毁比花费的扭曲性更少。但是, 税收被销毁降低了社会福利水平。人们本可以自愿销毁这些货币, 但如今却不得不接受这样政府行动的后果。

债券型通货紧缩

强制货币型通货紧缩的最后一种形式是债券型通货紧缩, 政府从社会公众借货币, 然后销毁这些货币。[①]另一种可能性是政府使用这些借来的货币来增加银行准备金, 通常是中央银行的准备金。政府把这些钱转交给中央银行, 而后者并没有把这些钱投入流通市场。因此, 市场信用媒介数量减少了(广义上说货币供应量减少了), 对物价造成下行压力。

政府将使用未来的税收偿还这些债券, 因此这种形式的通货紧缩也是基于政府的强制力量。从历史来看, 它被政府用在通货膨胀之后, 以帮助一种货币恢复价值。但这样的做法对经济是有害的, 因为它增加了未来的税收负担。它也可能对物价造成下行压力, 那些能够意识到这种物价下行压力的企业家将会从中获利, 而那些不能预料到的企业家将会遭受损失。

相对信用扩张对物价的影响, 人们更容易预测债券型通货紧缩对物价的影响。因为信用扩张通常被认为是有利可图的, 人们可能有一

---

① 参见米塞斯(1998, 第564页)。

种假象，认为降低利率不会有什么问题。①债券型通货紧缩通常被认为是有害的，因为政府通常会公布销毁货币的意愿，并且其对物价的影响可以被正确预测。

假设债券型通货紧缩将导致更高的名义利率。第一个影响是因为利率被哄抬高，私人债券被挤出市场，企图发行债券的公司不得不支付更高的利息。第二个是信用扩张后可能造成的影响。如果因先前的信用扩张，利率被人为降低，那么现在贷款减少可以抵销这个降低，这就加速了经济复苏和不良投资的清算。债券型通货紧缩也有可能导致一个人为推高的利率。②当市场出现流通信用且已经对物价和工资产生影响时，上述的情况才可能发生。这时，依靠现有流通信用的企业家将会陷入财务困境，生产结构会被暂时缩短。

3.4.2.3　法币型通货紧缩

最后一种指令型通货紧缩是法币型通货紧缩。③

法定货币是一种经济商品(交易媒介)，它可以用来支付合同债务，即使合同明确指出以另一种商品(交易媒介)来支付(许尔斯曼，2004，第34页)。

因此，法定货币法则"在授权交易媒介(法币)和其他交易媒介之间建立起了一个强制性的等价(法令性等价)"(许尔斯曼，2004，第37

---

① 参见米塞斯(1998，第564页)。
② 参见许尔斯曼(1998)。
③ 参见韦尔塔·德索托(2006b，第350页)。

页)。当这种强制性等价并不能够反映不同交易媒介间的自由兑换率时，这个时候格雷欣法则(Gresham's Law)开始生效。价值被高估的货币就会将价值被低估的货币清除出市场。假设在复本位制下，黄金和白银都是法定货币，自由兑换率是1∶15，而法定兑换率也是1∶15。只要自由市场兑换率不发生改变，一切都没问题。但是，如果自由市场兑换率变化为1∶16会发生怎样的情况？人们会停止使用价值被低估的金属货币，在这个案例中是黄金。如果一个人欠另一个人1盎司黄金，他宁愿支付给对方15盎司白银，因为他在市场上只需花1/16盎司黄金就可以购买到1盎司白银。所以，人们在日常交易中都开始使用白银支付，而把黄金囤积起来。这个时候，法定货币法则将同时引发通货膨胀和通货紧缩(许尔斯曼，2004，第34页)。价值被高估的货币将会大量生产、囤积，超过自由市场所需。而被低估的交易媒介则贬值了。到一定程度，所有这些商品都被停止作为交易媒介，即其作为交易媒介的供应量缩减了。它们被转变为消费品和生产品而不再是交易媒介，这些商品可以用于出口。因此，经济中交易媒介的供应总量减少了。在所有的交易活动中，人们都使用被高估的交易媒介进行支付。这样，市场上使用的交易媒介比原先更少了，交易媒介供应总量减少将导致物价比没有发生法币型通货紧缩时更低了，也就是对物价造成下行压力。正如许尔斯曼指出，"法定货币法则迫使市场参与者或多或少都将遭遇严重的物价下跌(2004，39页)。"

例如，在一个金属货币的经济体中，政府贬低硬币的价值，这可能导致物价暂时性下跌。政府通常不能同时贬值所有的硬币，因为贬值的硬币的生产过程需要一定时间。因此，货币供应变得多样起来。法定货币法则令贬值的硬币与过去老的全额金属货币等值，因此格雷欣法则生效了。老硬币被囤积起来,只有新贬值的硬币才会在交易中使用。囤积的货币将会被废止,从某种意义上讲,它们将不再被用作交易媒介,因此货币供应量减少,货币通货紧缩开始。当然,也有反作用力作用于物价。因为新货币的生产需要时间,所以一开始可能物价会突然缓慢下跌,然而当新货币注入市场后,价格又会上升。

法币型通货紧缩还有一个有趣的影响。许尔斯曼认为,如果物价下跌没有被预期,法币型通货紧缩将会推动信用货币和部分准备金银行制度替代消失的交易媒介。因为信用货币和信用扩张将导致更高的预期收入流,"因此,销售商宁愿在交易中接受更多的以信用媒介方式支付的货款。"(2004,第40页)当然,信用扩张会引起银行体系的流动性问题。然而,当在愿意接受信用媒介的市场参与者之间出现一个自发的支付联盟,这些参与者就不会在银行体系外使用货币支付,而是更多采用银行券或无现金支付方式,那么,流动性问题就迎刃而解了。不过,这样的自发支付联盟是否有效,还要取决于特定的历史环境。因此,由于通货紧缩的影响,法定货币法则有可能推动部分准备金银行制度的发展。表3.1总结了我们在本章中讨论的各种通货紧缩的分类。

表3.1　通货紧缩分类

起源	自由市场	自由市场对信用扩张的反应	政府
货币属性	现金积聚型通货紧缩	银行信用型通货紧缩	强制货币型通货紧缩 1. 没收型 2. 财政型 3. 债券型 法币型通货紧缩
商品属性	增长型通货紧缩	——	价格法令型通货紧缩

第 4 章

通货紧缩：结果与相关误解

4.1 通货紧缩：结果

4.1.1 价格下降与人类的行动

为了理解通货紧缩的结果，许多经济学家都把注意力放在价格水平这一宏观经济总量指标上，他们关注价格下跌以及价格与其他总量指标(如GDP)之间的关联。然而，这种方法除了能获得各种总量指标信息之外，观察不到其他结果。换言之，过于关注总量指标妨碍了我们对个体行动的了解。实际上，导致物品交换，进而产生交换关系(即价格)的是个人的行动。观察统计意义上的价格变动会阻碍我们去分析个体价格变动对人的行动的影响。要理解通货紧缩的结果，我们必须分析个体价格下跌所产生的影响。这才是通货紧缩的真正含义，它是相当一大部分的个体价格的下降。当然，价格始终是复杂市场活动的结果，正是在这种动态的人的互相作用中，人们可以决定哪种价格先降、哪种后降，哪种降得更快、哪种降得更慢，以及降至何种程度。而哪家公司或哪个人能在价格下降中获得更高或更低的利润，就取决于这种动态关系。

这种动态与坎蒂隆效应的动态正好相反。比如说，当原本用来买车的钱，被政府罚没之后，汽车价格就会下跌，汽车行业将会紧缩，汽车行业内的工人与企业家手头可花的钱就会减少，这样他们的需求会下降，导致其他特定行业的价格也随之下降。在这种情况下，价格下跌的趋势就会蔓延到整个经济，而资源将从汽车行业及其他价格下跌最严重的行业转移到价格下跌相对较小的行业。

当然，理解价格为什么会下降同样很重要。本书第三章中，已经分析了导致这类价格通缩的几种原因，并指出不同类型的价格通缩可能引发的几种特定结果。本章将主要探讨，较低的价格对人的行动或个人通常具有什么样的含义。

显然，在价格通缩期内物价会下跌。然而，对个人而言，重要的是现在的价格低于原本水平。如果一种或多种商品的价格低于从前水平，或者低于原本可能达到的水平，会有什么结果？价格是一种交换关系，这意味着，一旦价格给定，交换就会发生。假定人们偏好更多的商品和钱，那么我们就可以推断低价的结果。商品和服务的买方会偏爱较低的价格，因此，低价时他们的境况比高价时要好。而对交易另一方即商品和服务的卖方来说，他们偏爱高价，因而低价时，他们的境况就比高价时要差。个体在抱怨价格下降时，抱怨的不是价格下跌本身，而是在这种情况下他们会有净损失。如果他们所购买的商品价格下跌，但所售商品(比如劳动力)的价格保持不变，那么他们就会欢迎通缩。比如说，固定收入人群(所购买的商品是下跌了，所出卖的劳动力却是固定工资)会欢迎通缩。

因此，价格通缩的主要结果是，购买方的处境会改善，而出售方的处境会恶化。由于每个人几乎都既是买方又是卖方，而商品与服务的价格并非同时同比例地下跌，所以我们就无法预估谁是价格下降的净收益方，而谁又是净损失方。我们只知道，在价格下降时，伴随经济数据的每一次变动，社会都会完成一次财富再分配。但财富总量或生产设备的总数并不会受到直接影响。

价格通缩还有另一层重要含义，即真实债务负担会增加。在价格下降的情况下，人们必须出售更多的商品和服务才有资金偿还债务。从这个角度看，债权人会得益，债务人会受损。由于很多人都参与到公司或基金投资中，因此无论直接或间接，他们往往同时既是债务人又是债权人。这时，我们同样无法预估在真实负债负担上升时，这些人中谁是净收益方而谁又是净损失方。通货紧缩时，固定收入人群更有可能受益，因为他们的收入不会下降，而商品和服务却更便宜了。在下一节，将对这种由价格通缩所引起的再分配过程及其结果作更细致的研究。然后，本文将对经济学家就价格通缩的结果所普遍存在的误解进行分析。在本章结论部分，将分析人们为什么会强烈反对价格下降。

4.1.2 价格通缩的结果

4.1.2.1 有利于固定收入群体与债权人的再分配

一般而言在价格通缩过程中，购买成本比出售所得下降得更快的人将受益，反之亦然。另一个导致相对财富状况变化的因素是资产价格变化。某些资产的价格下降得比另一些资产慢，就相对财富状况而言，资产持有人是获利还是亏损就取决于其资产价格下降的相对程度。

特别地，价格通缩会导致财富的重新分配，有利于固定收入群体与债权人。固定收入群体之所以受益是因为在购买价格下跌时，他们的收入还能保持稳定。债权人得益则是因为价格下跌后，他们所收回的债款将可以购买更多的商品和服务。当然，如果价格通缩被事先预料到，则名义利率会相应变化。如果债权人希望其真实的资金回报率达到5%，而他预计货币的购买力会上升3%，那么他会愿意以2%的名义利率将资金贷出去。因此，价格通缩若被预料到，将不会改变债权人与债务人的预期收益。

罗斯巴德认为，财富的重新分配或许可以被视为价格通缩的一个优点，因为我们已经历了几十年的价格上涨了，他表示：

"经历了长久的通货膨胀，通货紧缩将意味着固定收入群体或收入相对固定的群体，如从事学术工作的人、传统的鳏寡孤独、领养老金的人及债权人，将获得一点小小的报偿。我认为这完全合理。对我来说，在经历了几十年将财富从固定收入群体向其他群体强制性再分配的岁月之后，现在向他们返还一点利益完全没有问题。这就是对我们这类更依赖固定收入的人的一点小小'补偿'，因此我认为它本身有某种好处，即可能会带来一点补偿。"(1976， 第37-38页)

换言之，那些曾在通货膨胀中会受损的人很可能会在通货紧缩中获益。当然，罗斯巴德的这番话本身并不是一个经济学论断，而主要是结合历史，并基于道德伦理而进行的分析。当然，那些在通货膨胀中获益的人可能由于处于某种特殊境地，令他们在通货紧缩中还能继续获益。

4.1.2.2 经济复苏提速

有一种货币紧缩会导致价格下降，这就是银行的信贷紧缩。银行的信贷紧缩会产生重要影响，它会加快调整的进程。在信贷扩张时，新的资金进入信贷市场使利率降低，这时就会有更多的投资项目启动，最后造成了社会资源稀缺状况的出现。这里有一个重要问题，那就是市场上的买卖价差或"自然利率"是被人为降低的。信贷收紧会导致利率上升，于是企业家能获得用于购买生产要素的资金就会减少，要素价格会下跌，买卖价差和利率会再次上升，从而推动投资增加。在生产的较高级阶段，会更强烈地感受到利率上升的影响，价格会更强劲地下降。

生产高级阶段的资本价值会下降。随着利率的提高，人们会发现，很多已经开始的生产流程压根不可行，这些资产因而会被清盘。这就是针对利率提高的一种调整，使之符合具有更高时间偏好的市场参与者的意愿。通过信贷紧缩，市场调整清楚地暴露出很多生产活动从一开始就是错误的。这意味着，信贷紧缩加速了生产要素的转移，整个市场调整的过程变快了。(罗斯巴德 2000, 第18页)。

信用收紧使生产结构能更快地朝符合消费者意愿的方向调整，不仅不会拖延错误投资或者对错误投资进行补救，反而会更有效率、更快地将其清除。因此，萨莱诺(Salerno)将中央银行故意减少货币供应的行为视为一种有益的行为 (2003，第88页)。因为这制止了信贷扩张，有助于错误投资的清盘。①

---

① 萨莱诺的论断也是基于伦理考虑，偏向于由中央银行引发的有意的信贷收紧。他将银行系统发放的信用媒介视为"虚假的财产契据"(2003，第88页)。他认为，破坏这些虚假的财产契据是有益的，也是中央银行的义务："与之相似的是，在执行紧缩的货币政策时，中央银行只是没有违背自己的契约义务，保全储户所存的资产余额……"萨莱诺指的是商品货币的情况。然而，这个观点调整后也适用于纸币。不过，他认为，在纸币制度下，中央银行永远也不会采用紧缩的政策。在金本位制下，萨莱诺也将紧缩视为向完全的商品货币回归的一个步骤。

信贷收紧的这种效应只有在虚假繁荣、生产结构遭到人为扭曲的情况下才会出现。如果企业家事先预料到了它对利率的影响，因而没有扭曲生产结构[1]，那么就没有调整的必要。当然，在这种情况下，过于依赖信贷的公司破产，信贷紧缩也具有再分配效应。

经济衰退时期，价格通缩还可能产生另一种效应，即"通货紧缩会为衰退的药丸裹上糖衣"(罗斯巴德1976，第38页)。例如在大萧条时期，由于生活成本持续下跌，那些没有丢掉工作的人实际生活水平在上升。当价格下降时，收入没有减少的人实际在衰退中受益，至少价格下降令消费者手头更宽裕或感觉更踏实。

4.1.2.3 价格通缩的潜在效应

价格通缩可能会增加储蓄

在经济萧条时，由于没有足够的储蓄支持，有些错误的投资项目不得不被清盘。罗斯巴德证明，由于信贷收紧，"时间偏好"会降低，因为下降的价格水平会导致会计损失和盈利少报，从而可能促使经营者增加储蓄(2000，第18页)。这是因为，"企业会计是按照资产的原始成本来记录资产价值的。"(第17页)表面看起来是亏损或资产消耗的情况，实际却并非如此，因为资产和资本商品的价格已经下降。因此，基本上是会计幻觉令经营者增加储蓄，以弥补他们看到的损失和资本消耗。

与之相关的是所谓的财富效应。由于收入和资产等的名义价值下降，个人可能相信自己变穷了，进而当资产价格崩溃时，他们会认为

---

① 参见许尔斯曼(1998)。

过去的投资失败了，为了弥补收入的名义下降和投资损失，人们可能会降低消费，增加储量。

价格下降可能还具有心理效应。在储蓄增加的情况下，衰退会得到缓解，而复苏则会加快，这时就只需较少的调整措施，因为引起衰退的正是错误投资所造成的储蓄短缺。

价格通缩可能有助于打破价格刚性

价格通缩可能会为制度性的价格刚性带来压力，从而打破价格刚性。由于这些价格刚性往往是国家干预或政府特权造成的，所以很难下跌。当价格下跌，而其他价格却表现出价格刚性而无法下跌时，这些刚性价格就变成最低价格，变成了高于市场出清价格的最低价格。最终将出现以下几种结果：(1)卖不掉的过度供给；(2)生产者的企业家精神受到误导；(3)消费者在寻找其他替代品时被误导。在劳动服务的供给和需求方面，更多工人会试图要求最低工资)而企业家则倾向用机器代替工人，失业便产生了。商品积压则会引起出售方的不满，令政客感到压力，从而可能使政府干预和特权减少，从而取消了价格刚性干预。在劳动服务方面，失业率的增加可能也会迫使政府去打破工会的特权，废除导致工资刚性的立法。这可能会进一步促使工人离开工会。[1]

价格通缩可能破坏银行准备金制度

价格通缩会增加债务负担，从而导致破产。特别是在虚假繁荣之后的衰退过程中，会出现信贷紧缩以及错误投资而招致的破产。这些由于价格通缩所引发的破产会使银行放出去的贷款变成坏账[2]，而其他银行所持有的破产公司的股票也会贬值，甚至一文不值。因此，总

---

[1] 参见罗斯巴德 (1991，第67页)。
[2] 关于这个累积过程，另见3.3.4小节。

体来说，银行资产会贬值。为了确保偿付能力，银行将限制贷款，向其合作企业和其他银行施压。一家银行的资产贬值可能会引发公众对其他银行偿付能力和流动性的怀疑。由于信贷限制，合作企业可能会走向破产。向这些企业提供资金的其他银行因此面临财务困境，从而发生银行挤兑。在部分准备金制度下，银行没有能力偿付所有的提取存款要求，因此银行也会破产。由于银行之间互相关联，只要一家银行破产，这种不稳定的局面就可能蔓延至其他采取部分准备金制度的银行。因此，银行破产会引发公众对其他银行偿付能力的恐惧，导致系统性的银行挤兑，最终引发银行恐慌。在这种情况下，如果央行无法提供援助，整个银行准备金制度就可能崩溃。正如罗斯巴德所指出的，价格通缩所产生的这种结果是有益的，因为它迫使旧的银行制度让位于一个百分百的金本位制：

"我们曾经处于摧毁银行制度的进程中，但后来各国政府，特别是胡佛(Hoover)和罗斯福(Roosevelt)介入了，经由银行歇业和设立联邦存款保险公司(Federal Deposit Insurance Corporation)'拯救'了银行。如果不是这次'拯救'行动，我们本有机会建立金本位制，以彻底取消部分准备金制度。因为我们当时就处在转型之中，只要任其自行发展几个月，转型就可成功。通货紧缩本来是有助于摧毁部分准备金这一制度的。为什么这个制度应该被摧毁？因为它是一个持续存在的威胁，也是通货膨胀、特权、商业周期及其他一切罪恶的源泉。"(1976，第39页)

同样，萨莱诺也表示，银行准备金制度的崩溃：

"对经济具有有益影响，会提高市场参与者的福利。因为该制度崩溃的开端是银行储户发觉部分准备金制度下的银行不再能保证他们的存款安全，从而自愿将自己的财产权利减价变卖为现金。任何依靠信任做生意的机构，无论是金融服务企业、装甲运钞公司还是律师事务所，一旦客户不相信这些机构会为他们的最大利益服务，市场就会进行调整，通过重新分配资源将这些机构迅速从市场中驱逐出去。"(2003，第86-87页)

除了从经济福利角度来考虑单个银行或整个银行体系崩溃的好处，还有些观点是从法律或道德角度出发的。[①]韦尔塔·德索托认为，历史上，储户把钱交给银行是为了让银行进行保管，发行信用媒介是对这一基本法定保管义务的违背。客户并不知道银行所发行的货币契据多于其实际拥有的货币金额，那么这无疑就是欺骗。即使储户——其存储货币是为了安全保管且可随时提取——知道且同意将自己的储蓄借出去，这个合同也是一个"法律怪物"[②]，因为其中存在各种互相矛盾的法律诉求。在这种情况下，合同是无效的。如果该银行背后有中央银行的支持，那么该合同就要依赖于政府对货币与银行制度的干预。这样一个带有欺骗性质或存在法律问题的制度的崩溃，也是通货紧缩的一个可能结果。

金融与货币制度的崩溃及新的货币制度的引入，将使收入再分配

---

① 参见韦尔塔·德索托(2006a，b)，第1-4章，有关自由意志主义认为部分准备金银行制度是欺诈的伦理理论，还可见罗斯巴德(1991，1998)。

② 参见韦尔塔·德索托(2006a，b)。关于合法的需要部分准备金的储蓄合同在法律上是不可能实现的这一问题，请参考巴格斯与豪登(Howden)(2009，2012a，2013)及巴格斯等(2013)。

不再继续倾向于某些与货币当局和政治机构有裙带关系的特定群体。相反，这种收入再分配改变转而更有利于那些没有上述关系的群体。当然，这样的制度变化也意味着扰乱。①它可能意味着要改换生产结构，而原本的生产结构是为了满足通胀受益者、背负债务的群体，以及实行部分准备金制度的银行及其最优客户的需要。扰乱并不就是坏事。②市场经济数据的每一个变化都意味着一种"扰乱"。问题的重点是，引起扰乱的缘由是不是由于对财产权利的侵害。与旧制度不同，如今，决定生产的是从前处于被剥夺地位的群体的偏好。这些扰乱的持续时间及影响范围取决于企业家对每种价格下降程度的预测有多准确。理论上说，价格会立刻跌至谷底。③其中可能还会出现暂时性失业，但并非绝对如此，因为工人和企业家可以达成某种工资协议，使企业能在盈利状态下运行。具体情况则取决于双方的偏好及对企业发展的远景规划。

价格通缩可能会削弱国家权力

通货膨胀是政府的良方。④通货膨胀期间，政府债券会面临持续的需求，而这些债券中很多由中央银行购买或担保。这样，与没有实行强制性通货膨胀的时候相比，国家可发行更多的债券，支配更多的社会资源。

在货币通缩或信贷紧缩时，这种为政府债务及政府支出进行融

---

① 参见许尔斯曼(2003a，第58页)。

② 许尔斯曼(2006，第66页) 谈到了与熊彼特相呼应的一种"创造性毁灭(creative destruction)"。

③ 参见许尔斯曼(2003a，第58页)。

④ 通货膨胀使政府可以使公众忽略对政府支出的财政抵制。这一点在战争时期尤其重要，因为政府会通过开动印钞机为战争买单，隐瞒战争的真实成本。

资的方法就会受到干扰。由于货币通缩，政府债券价格会趋于下跌，且如前所述，价格下跌会增加债务的真实负担，导致收入从债务人向债权人进行重新分配，这将产生一个重要后果。由于历史上一国经济的最大债务人就是国家，政府债务的真实负担增加，政府收入中就有更高的比例被用于偿付债务。这意味着，政府如果不加税，就不得不降低其他方面的支出。因而，与通胀时相比，政府紧揽在手的职能将更少，从而给予普通公民的自由将更多。因此，国家福利必须削减，家庭制度也可能发生变化。因为福利国家通常会包揽很多传统的家庭功能，譬如照料与援助老人、施行紧急救助、进行失业与疾病援助等等[①]，当国家执行这些功能时，家庭也开始失去了某些传统含义。而当福利削减时，上述局面就可能反转。

由于以上原因，对于那些自身利益与政府利益联系紧密的群体，价格下降是不受其欢迎的。就政府为什么欢迎通货膨胀而不欢迎通货紧缩的问题，米塞斯如是解释：

"从财政角度看，通货膨胀主义不只是最廉价的经济政策，在公共财政低迷时，它同时还是一种特别有效的治疗手段。而由政府发起的货币紧缩则需要国库作出正面牺牲，特别是以减少流通中的货币(比如发行附息债券或征税)为手段来执行时更是如此。仅这一条就足以解释，为什么限制主义从来就竞争不过通货膨胀主义……货币价值的增加对统治阶级并无好处，能立即从中受益的是那些接受固定货币收入的人。债务人的损失将变成债权人的所得。当货币价值上升时，税负

---

① 如卡尔森(2003)。

的确变得更沉重，但更多的好处由债权人而非国家得到。如今，以债务人受损来换取债权人受益的政策从来就不受欢迎。任何时候，放贷的人都受到所有人的厌恶。一般而言，完全或主要以放贷利息为收入来源的人在任何时候任何国家里都是少数，也缺乏影响力。"(1981，第263-264页)

在此，米塞斯解释了统治精英为什么要反对货币通缩和价格通缩，他还提到了这项政策之所以不受政客欢迎的政治原因。

总的来说，在价格通缩中，政府权力很可能受到削弱。[1]实际上，在面临价格通缩的压力时，由于实际债务负担增加，现代福利国家可能会崩溃。许尔斯曼(2003b)谈到了通货紧缩的自主性(a liberating deflation)，它可能摧毁福利国家，同时摧毁被国家赋予特权的部分准备金制度。[2]

当然，这一切不可能发生，因为国家有权通过增加货币供应来防止价格下降。国家不可能停止运用通货膨胀来为开支融资。

4.1.2.4　价格通缩与习惯

与持续的价格通胀相比，面临持续的价格通缩时，消费者和企业家的习惯将有所不同。[3]

由于价格通缩的预期，消费者与企业家会减少负债。企业家会更

---

① 参见5.2节中提到的德国在20世纪30年代的银行信贷紧缩，以及国家对失业福利、养老金、政府雇员薪水等方面开支的削减。

② 许尔斯曼(2008，第16页)因此说道："在我们的时代，在任何情况下，要保卫未来的自由，对通货紧缩给以坦率的、热情的支持是最重要的要求之一。"

③ 参见许尔斯曼 (2006，第175-181页)对价格上涨时各种习惯的论述。

愿意利用股权或留存收益而非贷款为企业融资①，因此实践中，企业家将减少对银行的依赖(后者在很多情况下都向企业提供贷款)。②

企业家变得更有活力，因为他们不再那么依赖于保守银行的许可，信贷融资相对已经不那么重要了。

消费者会更有动力进行长期储蓄，因为他们预期货币购买力会上升。与没有通货紧缩的环境相比，他们会增加储蓄并减少负债。消费者也会变得更为独立，因为他们会减少对金融媒介的依赖。对他们而言，关注金融市场就变得不那么重要，因为储蓄会自动带来回报。人们也不需要花那么多的精力去思考货币资产怎样投资才能保存个人财富。因为真实的货币财富会自动增加，人们自然也就实现了财务自足与不囿于物的独立思考能力。

4.2 通货紧缩：误解

4.2.1 对通货紧缩的攻讦

有趣的是，在现实讨论中，通货紧缩常常不加论证就被假定为有

---

① 当然，价格下降会在利率中有所反映。然而，当价格下降成为预期时，通过债务融资就不那么有吸引力了，此时通过股权或留存收益来融资会更容易，因为后者的购买力在不断上升。

② 负债降低还有进一步的含义。例如，人们可以争辩说，公司的负债越高，公司经理人就越有压力去提高工作效率。但是，我们必须记住，股东控制经理人并提供激励的方法是多种多样的。

害。①经济学家之所以用这个假设开头，可能是因为他们不愿意进行"公开的"价值评价，而使用隐含的假设就可以回避这个问题。②

经济学家把讨论的重点放在能否避免，以及怎样避免通货紧缩上。③通常来说，这样就基本上略过了有关通货紧缩为什么会有害的论证，因为它们被假定为是不言自明的。然而，问题在于，他们通常会推荐扩张性货币政策来预防通货紧缩，其目的是论证货币扩张的合理性。那么，这些反对通货紧缩的观点是否有效？事实上，就通货紧缩而言，目前存在很多的误解④，本节将一一纠正。

4.2.2 误解1：通货紧缩将导致粗暴且不公平的再分配

经济学是一门不涉及主观价值判断(Value-free)的科学。⑤那种认为由于会导致不公平的再分配，所以需要避免通货紧缩的观点似乎不值一驳。但是，人们有时会隐晦地利用这种观点，而有时却又公开地批评再分配。罗伯特·肯特(Robert Kent)就是个明显的例子。⑥他声称，价格通缩将导致真实收入和财富发生"粗暴的再分配"(1966，第458页)。通货紧缩的确会导致财富的再分配，在这一点上肯特是对的。

---

① 另见2.5节的相关内容。

② 参见斯文森(2000，第31页) 或伯南克(2002，第1页)。

③ 参见梅尔策(Meltzer) (2000，第71页) 或古德弗兰德(2001，第1页)。

④ 奥地利学派的经济学家们在通货紧缩的问题上也产生了分歧，有些人甚至打算采用各种干预手段来打击通货紧缩(巴格斯，2003)。

⑤ 参见米塞斯(1998，第10页)

⑥ 另见波里欧(Borio)与费拉多(Filardo) (2004，第7页)；还可参见斯坦普(Stamp)所说的"(通货紧缩)会带来最恶劣的收入再分配"(1932，第5页)。

然而，为什么这种再分配会是粗暴且不公平的？即使我们出于讨论的目的而假定所有的价格通缩都有点"任意"且会导致真实收入和财富出现粗暴的再分配，这也不能推导出通货紧缩就是有害的。进一步来说，上述观点难道不就是在表达一种伦理价值观吗？肯特承认："那些曾经的受益者很可能失去部分购买力。"(第459页)[1]实际上，在通货膨胀中受益与受损的人并不一定会是在通货紧缩中受损或受益的同一拨人。无论哪种情况，能否获利都取决于企业家能力。换言之，如果人们能够准确预料到货币购买力的上升，那么他们就能从价格通缩中获利。[2]

德隆(1999)认为预测价格变动并不是企业家的任务，但这个观点是错误的。企业家总会设法预测未来的各种相关变动。价格预测恰是企业家才能。对他们来说，生产要素的价格与产品售价一样重要。当然，企业家是可以成功预料到价格变动的。因此，在通货紧缩时，"……企业家可以通过压低购买价格而使企业盈利，如果无法压低购进价，那么他们也会避免投资。"(许尔斯曼 2004，第51页)

再者，我们必须认识到，经济中的任何变化都会对市场上所有参与者的相对财富状况产生影响[3]，而一切人的行动都可能使某些人获利却让另一些人受损。这就产生一个问题：谁来判定市场上哪些变化不公，哪些却不是？

米塞斯对变化的世界有如下评论：

---

① 这句话还有另一个含义。在通货膨胀所致的繁荣中，物质财富的不平等会加大，有些群体的获益是以另一些群体的损失为代价。在通货紧缩时，如果这些在通胀中获利的人遭到损失，那么物质财富的差距就得到缩小。

② 例如，伯南克就考虑了那些没有预见到通货紧缩的债务人所遇到的问题(2002)。

③ 参见许尔斯曼(2004，第45页)。

"在真实的世界中，所有的价格都是波动的，迫使参与其中的每个人去充分考虑这些变动。企业家进行商业冒险、资本家改变投资，这一切只是因为他们预料到了上述变化，并试图从中获利。市场经济的一个基本特征就是，它是一种无时无刻不在推动社会制度的进步。它推动那些最有远见最有胆识的人一遍一遍地调整生产安排，使之能最大程度地满足消费者的需要并从中获利。"(1998，第539页)

然而，强行的通货紧缩，即由政府命令所导致的价格通缩，是粗暴的，因为它并不是自由市场所发起的。从伦理角度来看，由政府干预所导致的通货紧缩或可被认为是不正义的。[①]

更准确地说，不正义的是导致价格下跌的政府干预，而不是其干预结果——价格通缩。通货紧缩会使部分人受益部分人受损，由于我们无法就效用进行人与人之间的比较，也无法从科学角度判断通货紧缩究竟是有益还是有害。但有些价格通缩的根源是对财产权的破坏，而有些则不是。

当然，在发生"自主性的通货紧缩"时，由于它清除了不健全的银行制度，即废除了那些实施部分准备金制度、发行虚假信用媒介的银行的免死金牌，就会产生再分配效应。当银行发行的货币契据超过其拥有的货币量，同时却承诺可在需要时随时兑现这些契据时，部分准备金银行制度的合法性就出现问题了。一个健全、诚实的银行制度是百分百的准备金制度。

一个关键问题是：通货膨胀，即货币供应的增加，就能防止"不

---

① 按照自由意志主义理论的伦理观，所有政府干预都被视为不正义，因为它们都建立在暴力的基础之上。关于这种观点，可参见罗斯巴德 (1998)。

公平的"再分配吗？实际上，凭空创造的新货币是通过银行系统注入市场的。因此，这里也存在一次再分配，其中最先得到这笔钱的银行与其关联企业和个人会得利，因为他们可以在物价上涨之前得到更多资金去夺取资源。相反，其他人则只能在物价上涨之后才实现收入上涨。那么，为什么这种情况就公平了吗？

4.2.3　误解2：通货紧缩的再分配必然导致产量下降

有人认为，通货紧缩所导致的再分配是有害的[①]，因为通过损害债务人、企业家、商业或金融系统，总产量会下降。对此本节将逐一讨论，但这里需要先强调的是，市场参与者的财富再分配或变动绝不会损害生产。当然，由于从再分配中获益的人与受损的人有不一样的偏好和才能，生产情况的确会发生变化。

4.2.3.1　金融崩溃与生产

第一种观点认为，如果价格没有被事先预料到，很多债务人破产后，采取部分准备金制的金融体系会陷入困境(凯恩斯[1925]1963，第168—169页)。[②]当然，如果贷款是基于之前的通货膨胀预期而作出

---

① (凯恩斯 [1931] 1963，第177页；或金(King) 1994，第422页)；有趣的是，凯恩斯自己在这里也总结了通货紧缩的释放效应，并承认金融系统会破产，"我们中有很多人会被毁掉，尽管总体来看我们和从前相比没什么损失。"

② 希克斯(1946，第264页)认为，在物价下跌时，对于破产的恐惧会增加，债务人更难偿还债务，因而会对产出造成负面效应。但我要再次提醒，为了偿还增加的债务负担所进行的储蓄可能来源于消费的减少。因此，实际上投资相对于消费反而可能有所增加，从而可能出现一种资本更密集的生产结构，并带来更高的产出。

的，那么这些贷款的确可能转为坏账，影响银行的资产负债表。它还会产生有利于债权人的再分配。进一步而言，因为依赖于持续的通货膨胀，不健全的货币制度的确可能崩溃，受益的则是可以首先获得新的货币和货币契据的群体。但与此同时，一个新的建立在完全准备金制度基础之上的金融体系却可能出现。因此，对于健全的货币与金融体系而言，很难理解为什么通货紧缩会产生"负面效应"(伯南克2002，第3页)。此外，这个新的健全的货币制度还会刺激生产。采用通货膨胀的货币政策即使不会导致强烈的物价上涨，也会因为利率被人为压低以及商业周期的到来而使生产结构严重扭曲，从而导致错误投资。通过注入新创造的货币或货币替代物，银行和债务人走出困境，他们于是得到鼓励在将来采取更有风险的行动。这些为防止价格下跌而采取的通胀型货币政策以及金融制度自身的问题，也会导致一种有利于那些处于困境的企业和银行的再分配。

4.2.3.2　企业家与生产

另一种观点强调，通货紧缩的再分配效应会对企业家不利。德隆就认为由于物价下跌，企业家会受损[1]，从而使生产下跌。斯坦普写道，"缓慢下跌的物价对商业自身是一种消耗性的影响。"(1932，第4页)拜尔甚至表示："当物价下跌时，商人会受到非常危险的影响……"(1944，第220页)

沃伦(Warren)与皮尔森(Pearson)认为，由于生产需要时间，如果物价在生产时下跌，长期的生产过程就会陷入不利的境地：

---

① 参见德隆(1999)，类似观点见凯恩斯(1936)。

　　"从开始到结束，生产过程越长，通货紧缩的影响就越严重。如果生产者在购入原材料后的几个月内就可将成品销售出去，那么即使有通货紧缩，他仍可能成功。如果生产过程长达一两年甚至更久，比如像农业那样，那么通货紧缩的后果就非常严重。"(1933，第192页)

　　然而，这种企业家精神的机械论调是错误的。企业家是能够预料价格通缩，从而能压低生产要素如原材料的价格，这样，无论生产周期有多长，他们都可以成功地避免受到影响。当然，如果某些企业家的产品价格首先下跌，而他们购买的其他商品和服务的价格仍然较高，那么这些企业家就会受到价格通缩的伤害。价格通缩还会损害那些背负债务的企业家，但它并不会令所有企业家都受损。企业家会试图预测产品的未来价格，并根据预测对生产要素予以报价。在这方面，价格是普遍下降还是上升并不重要。企业家总有办法成功，哪怕价格通缩之中。①当然，企业家总会犯错，他预计的未来产品价格可能比实际要高，也可能因此囤积了太多的生产要素而亏损。但为什么企业家在价格通缩的时候会损失更多，这一点并没有系统的解释。正如米塞斯指出的：

　　"毕竟，商人最重要的特点就是灵活。即使物价普遍下降，商人也可赚到利润，经济形势甚至还可能得到改善。"(米塞斯1978，第198页)②

---

　　① 一个例子就是近几十年的信息产业与计算机产业，他们都能在售价下跌的情况下取得利润并蓬勃发展。

　　② 译自德语版(米塞斯1931，第29页)。

尤其是，在价格通缩时，新企业与小企业可能获得蓬勃发展的机会。与那些因债务负担而陷入困境的成熟大企业相比，这些小企业具有一定的优势。如果价格通缩没有受到政府的阻止，经济会变得更有活力。因为防止价格通缩的措施只有利于成熟的企业，代价却由潜在的新企业承担。价格通缩不会对企业家造成问题，而只会给那些深陷债务困境的企业带来困扰。

此外，在价格通缩时，基本的买卖价差并不一定会变窄，如果买价下跌速度超过卖价，买卖价差实际上反而会扩大，刺激商业发展。[①]而且，对价格下降的预期会"立即导致要素价格的下降"，而"部分预期会加速货币购买力的调整，使之适应变化之后的情况"。(罗斯巴德 2001，第697页)

人们之所以会错误地认为价格下跌会给企业家带来困扰，部分原因是，大多数经济学家都只关注某一项价格指数——消费者物价指数。[②]当他们表示物价下跌时，指的是消费品价格，而各种生产要素的价格则被忽略不计。资产价格，如股票交易价格，也被忽略不计。事实上，如果将庞大的资产数额与生产的各个阶段都考虑在内，那么消费品价格实际上只包含了经济体内很小的一部分价格，因此在价格中也只占相对较小的份额。对大多数企业而言，消费品价格与自己并没有直接的关系，因为他们参与的是生产的较高级阶段。但很多经济学家只关注消费者物价指数，只关注极少数随意挑选出来的价格，而将那些重要的价格，如资产价格与资本品价格，排除在指数之外。如此

---

① 参见罗斯巴德 (2000，第17页)。

② 必须注意的是，对货币购买力变化的衡量都是错觉。每个人都会有自己的指数，而这个指数也是随时变化的。有关指数的评论，参见米塞斯 (1998，第221-224页)。

一来，他们就从下跌的消费品价格断定产品售价下跌了，企业家遇到了麻烦。但是他们忽略了生产要素的价格也会下跌，而大多数企业家并不参与消费品的生产，他们生产的是资本品。

4.2.3.3　负债、破产与生产

还有一种观点关注的是企业生产由于资产价格崩溃而出现的问题，这表现为真实负债增加及资产负债表的恶化。[①]然而，这只不过再次将我们引向那对生产毫无影响的再分配问题。当然，如果一家公司依赖贷款经营，其投资的资产价格因过去的信贷扩张而虚高，那么的确可能遇到问题。在这种情况下，公司的真实负债可能会增加到被迫破产的境地，而破产后其资产也就因此转移到了债权人手中。

正如罗斯巴德所言：

"人们通常认为，价格下跌会损害商业企业，因为它加重了固定的货币债务的负担。然而企业的债权人也是企业所有者。由于企业存有债务，权益股东持有的权益相对较少。而债券持有人(即长期债权人)只不过是另一种形式的所有人，和优先股与普通股股东享有类似但不同的所有者权利。就像股东一样，债权人也把钱省下来投资于企业。因此，价格变化本身并不会帮助或者阻碍企业的发展；债权人所有者与债务人的权益所有者只不过以不同比例来分割盈余(或分摊亏损)。这一切都只是内部所有者之间的争议而已。"(2000，第51页)

---

① 参见古德弗兰德(2001，第17页)；卡吉尔(Cargill)(2001，第116页)。

因此，这里只有所有权的变动和资产的再分配，它们将从失败的企业家手中向预料价格变动更准确的企业家手中转移。成功的企业家现在则有机会以更符合消费者希望的方式来使用这些资产。

然而，这并不意味着物价下跌会导致"整个生产活动发生变动，从而使总产出与就业发生变动"。[1]仅仅是所有权从失败的企业家向更能满足消费者需求的企业家转移，并不必然会带来生产的变动。实际上，破产是一种消除债务的方法。如果生产是有利可图的，它就会持续下去。被重新分配的资产完全不会因所有权的变动而遭到破坏。比如说，克莱斯勒被戴姆勒接管并不意味着克莱斯勒汽车的产量就必须下降。这类事件中，如果前任所有者存在管理不当的情况，那么新的所有者很可能会对产量做一些调整，他们可能会削减产量，解雇部分工人，对公司进行重新规划，使之更符合消费者需求。但是，新的所有者或其雇佣的管理人员也有可能增加产量。

伯南克认为，"破产会带来净社会成本"(1981，第155页)，这意味着他假设有一个客观的能分辨并衡量社会成本与收益的标准。但是，个体的成本和收益是主观概念，无法被衡量，也无法进行对比。[2]因此，以社会成本概念为依据反对通货紧缩是不对的。

当然，所有权的每一次变化都意味着会有一段过渡期。乔治·瑞斯曼(George Reisman)认为这段过渡期是通货紧缩的一个主要缺点，他强调通货紧缩期间大量破产所带来的现实困难：

"……大量的破产使现有的司法系统不胜负荷，可能需要十年甚

---

① 参见肯特(Kent)(1966，第458页)；这一点还可参见伯南克(1981，第155页)。
② 有关效用、价值、成本与收益的主观概念，参见韦尔塔·德索托(2001，第41-50页)。

至更长时间才能将这些案件办妥。这意味着，在这段时间里，经济会在很大程度上处于瘫痪状态，因为没人知道谁拥有什么。"①

瑞斯曼强调的是严重的通货紧缩可能会给现有的司法制度带来的现实困难，但当今司法制度处理大量破产案件的能力不足并不是反对通货紧缩的理论依据。然而，为什么不能有一套可迅速处理诉讼的司法制度？理论上这并不是问题。首先必须强调，在自由市场上，对司法服务的需求增加会使这类服务的供给增加。当然，瑞斯曼可能会抗辩说，我们面临的是由政府垄断的司法服务。在这种情况下，最终问题就是变成政府干预。然而，如果由通货紧缩引起的破产会给司法系统带来过大的压力，政客们很可能会采取各种紧急措施②，因为政客总因循守旧于一些他们能力之内可以解决的问题。如果没了政府干预，企业家会自发去解决问题。这样，司法制度自己就会找到问题的解决方案。

司法部门的确会在过渡期扩张，并吸收一定的资源。但是，为什么这是件坏事？从价值中立的角度来看，我们无法论证某个行业或部门的扩张是坏事。只能说，司法部门的扩张若是那些身处法律纠纷的消费者所希望的，这种扩张就是生产性的。③另外，在过渡期，任由资产

---

① (1999，第961页)；另外，伯南克认为："破产的行政与法律费用是很可观的。"(1981，第155页)

② 实际上这一点政府以前就做过。参见汉伯格(1933)提到的德国大萧条期间的布兰克措施(blanke measures)。

③ 的确，法律部门的扩张会从其他企业夺走生产要素，从而暗示着其他部门的缩减。因此，法律服务之外的商品与劳务的收入在短期内会略有下降。但这并不是故事的结尾。我们还应当记住，这些大批量的破产会大为提升中长期的增长前景。人们会更不愿意接受强制性的货币扩张，也更不愿承受债务。政府的规模会大大缩小，从而可能产生一个自由的市场货币制度。

闲置并不符合争端双方的利益，破产企业的资产也还在使用中。正如罗伯特·吉芬(Robert Giffen)所言："尽管货币紧缩和物价下跌令人痛苦，但它们不会在现实中阻止生产。"(1971，第124页)吉芬遗漏的一句话是，尽管破产的企业家会感到痛苦，但那些获利的人，即那些更准确地预料到价格下跌的人，却会获得丰厚收益。

不过，破产的一个可能影响是，供应商与客户会对破产公司失去信心。他们不再跟破产公司打交道，反而转向这些公司的竞争对手。这些曾预料到价格通缩、保持了良好流动性的竞争对手将从破产企业那获取收益，蓬勃发展。对破产公司而言，这种信心的流失是一种负面的心理效应。如果破产者很多，或许就没有其他竞争对手可供转移，因此他们会选择留下来继续与破产公司合作。不过，他们还可能增加自己的现金余额，从而给价格下跌施加进一步的压力。当公司所有权最终变动成功后，价格的下跌压力就会消失，人们会急切地以较低的价格进行合作，同时再次减少自己的现金余额。

关于破产，还有一种观点，有关知识与企业家才能可能损失。当破产公司的财产转移给债权人，债权人可能没有能力成功地管理这家公司。例如，由于价格下跌，农民可能无法偿还自己的债务，农场就被转给其债权人。债权人可能是一家银行，它没有任何农业技能，也不了解农场的具体情况。如果的确出现这种情况，那么以下结果会依次产生。首先，每一例破产都会出现知识问题。破产的功能就是将资源的控制权从不成功的企业家转向成功的企业家，而后者往往比前者更有知识。

其次，知识问题并不会改变如下事实，即从消费者的观点来看，破产企业家是将稀缺的社会资源进行了错误投资。不过，我们必须注意到，破产企业家可能是由于政府干预才走到这一步的。如果存在强行的通货紧缩导致破产，那么破产最终是由政府干预引起的。

第三，债权人可雇用有专门知识的人来管理公司。债权人甚至可以雇用前任所有者来管理。第四，为了防止破产，人们不得不考虑其他替代方案，这个替代方案可能是通货膨胀的货币政策。然而，这类政策会产生严重后果。他们会帮助破产企业家走出困境，从而引发道德风险。因为这些政策惩罚的是成功的企业家或债权人，而他们本可接管破产公司。另外，这些政策会因人为压低利率而引发更多的错误投资。

在破产过渡期，还有一个可能的结果是，破产企业所有者会试图缩减投资并将资本拿去消费，或投资于其他生产结构完全不同的企业。这种情况出现在每一桩破产案中。如果我们因此说，了结一桩破产案所需要的过渡期太长，所以破产不好，那会不会太武断了？而在一个经济中，最佳破产率是多少？其实，破产并不是什么坏事。许尔斯曼解释道：

"破产履行了一个极为重要的社会功能，即保存现有的资本存量。在一切可能的情境中，无论是由欺诈还是资不抵债引起的破产，抑或是由于流动性不足导致的破产都是如此。"（2006，第149页）

失败或不诚实的投资者对社会稀缺资产使用不当，资金与资产就会转移到更诚实、更成功的投资者手中。在自由市场中，消费者用自己的日常行动决定了破产率。当然，政府干预，如强制性的通货紧缩，也会导致破产。在后一种情况下，破产率会高于以消费者角度来决定的最优比率。然而，价格通缩本身并不会使破产率高于自由市场下的破产率，政府干预才是破产增加的原因。政府干预会促进信贷扩张，从而使企业家频频犯下投资错误。此外，政府强行减少货币供应或压低价格也会直接导致破产。

4.2.3.4　价格通缩的根源与生产

在对生产变动进行任何预测之前，检视价格通缩的根源也同样重要。首先，由生产率提升引起的价格下降的确是总产量增加的结果。这种价格下降也能被相应的生产商所预料到(塞尔金1997，第31页)。这些生产商之所以增加产量，并以低于竞争对手的价格出售产品，是因为他们预期利润会因此提高。他们明白并预料了这些事实，同时故意促使价格下跌。其次，财政型或劫持型的通货紧缩——即政府对货币或货币契据采取的破坏性措施——会因时间偏好上升而破坏或缩短生产结构(霍普2001，第14页)。第三，政府通过贷款市场引发的通货紧缩会缩短生产结构，从而降低总产出。不过，与此同时，信贷扩张会延长生产结构，抵消上述效应。

不管考虑哪种来源，价格通缩都可以直接导致财富再分配。由于输赢双方的偏好无法事先得知，生产结构与产出所受影响也就无法预测。有种批评观点认为，价格通缩会导致经济变化，这是对的。但为什么要防止这一变化。比起价格下降引起财富再分配所产生的变化，中央银行通过货币扩张所引发的变化就会更优吗？

为什么通货膨胀型的再分配会导致生产增加？关于通货膨胀型的再分配，我们唯一确知的是，它会改变经济结构。有利于某些市场参与者的持续通货膨胀当然可以防止某些破产发生，但通货膨胀也会损害最后得到新增货币的企业与家庭，因为他们所面临的价格结构已被首先收到新增货币的群体抬高了。虽然老牌企业可能会脱离困境，其他公司的发展或创立却受到阻碍。

4.2.4　误解3：通货紧缩引起的价格不稳定必然导致混乱

这种误解在货币经济学中流传甚广，它认为经济增长必须伴随着货币供应的相应增加，为适应经济增长，必须对货币量进行调整。这种"调整"将防止价格下降。大卫·科兰德(David Colander)认为，"……如果在真实商品数量增加的同时货币量没有相应增加，就会出现货币短缺，阻碍经济发展。"[1]值得关注的是，科兰德并没有解释这为什么会妨碍经济发展。

他没有认识到，货币量无论多少都足以完成其基本的交换媒介作用(罗斯巴德1990，第34页)。无论商品与服务数量，它们几乎都可以与任一数量的货币进行交换，货币购买力的增加并不会影响其交换媒介的功能。对于那些指望提高商品定价来维持经营的企业，通货膨胀的确有助于保全其利益。但对那些期望生产要素价格下降或把钱借出去的企业，通货膨胀就是有害的。另外，通过信贷市场引发的通货膨胀，由于降低了市场利率，会人为地延长并扩大生产结构，而这是真实的储蓄所不能维持的，因此在某个阶段，这些错误投资必然会遭到清盘。[2]我们很难把这种不可持续的繁荣的启动与维持称为一种"平衡"。

---

[1]　科兰德(1995，第519页)；另见韩(Hahn)(1956)。

[2]　有关奥地利学派经济周期理论更深入的阐述，见罗斯巴德(2001)与罗斯巴德(2000，Part I)，以及米塞斯(1998)与韦尔塔·德索托(2006b)。

不过，人们往往假定，价格稳定本身就是好事，因为它会平衡经济。①因此，有观点称："……通货紧缩不是价格稳定，而价格不稳定很可能会增加信息成本，干扰市场机制与资源分配，并使长期计划的制订更为困难。"(斯文森2000，第29页)

对此，塞尔金作出强有力的反驳。他认为，所谓稳定因而"确定了的"价格水平可能本身就是错误信息的来源，因为当生产率变化时，价格若不变，就会使各经济主体的这个重要信息来源变得扭曲(1997，第45页)。

此外，如果为了保持物价稳定及防止价格下跌而向经济中注入货币，那么该行为本身就是对企业家才能的阻挠，因为企业家需要处理物价下跌可能带来的问题。如果下跌的物价导致人与人之间的关系出现问题，则企业家就有了用武之地。例如，他可能不得不就债务与工资进行谈判，使债权人、雇主、债务人与雇员都感到满意。谈判各方所达成的方案是我们现在很难想象的，因为它是企业家们根据特定情境创造出来的。无论哪种情况，认为这些问题不可能由市场自发解决，就因此反对通货紧缩、要求执行货币扩张政策以防止价格下跌的观点都是有问题的。

现在让我们再把关注点放到价格稳定的目的上。无论货币购买力是稳定、上升抑或下降，都可以进行成功的经济核算。另外，即使在确保价格稳定的情况下，长期计划的制订会更容易，但也不能成为反对价格通缩的一个确切理由。在价格控制的情况下，由于消除了一种不确定性来源，制订长期计划的确更容易。但是，即使进行政府干

① 参见白塚(Shiratsuka)(2000，第16页)或多德(1995，第722页)。

预，也无法保证价格的稳定性，因为政府可以随时改变自己的干预措施。不过，为了论述的方便，假定政府对自愿交易的干预是长期稳定的，因此会使计划制订变得更容易。那么接下来的问题是，降低这种不确定性究竟是不是好事？要回答这个问题，首先必须强调，政府对自由市场的很多干预措施都限制了人的可能行动范围，而由于这些都被经济主体视为有益的行动，所以一旦解除限制，人们就会将其付诸实施。既然可供选择的行动余地变小了，那么计划当然也就变容易了。然而，从行动者或消费者的角度来看，这并不是好事，因为这意味着需求也受到了限制。

进一步来说，稳定物价并不会降低"信息成本"，实际上"信息成本"反而增加了。由中央银行操纵货币供应而实施的准"总价格控制"会扭曲市场价格，使企业成功经营所需的知识或信息变得更困难，因为此时的市场价格与未经干预且能反映消费者偏好的价格不一样。此外，总价格控制可以挽救那些货币供应不受到干预就无法获利的企业，从而阻碍了必要的调整。如果这些新钱流入贷款市场，就可能导致错误规划，产生错误投资。"简言之，商人会被银行的通货膨胀所误导，以为储蓄的供应大于实际情况。"(罗斯巴德2000，第5页)结果导致繁荣与萧条交替循环，长期计划变得更困难。

无论如何，为什么自由市场价格不好、而价格控制却是好的，这一论断迄今为止并没有得到解释。正如米塞斯所指出的："所有试图保持货币稳定的计划都是自相矛盾的，货币是行动的一部分，因此也是变动的一部分。"(1998，第416页)

如果存在政府干预，资源的分配当然会有所不同。如果生产结构已经遭到扭曲，以通货膨胀为目标来防止价格调整会使必要的调整变慢。在投资失误显而易见的情况下，企业家可能不会削减生产，因为他们指望中央银行来扛住价格。

除了认为价格通缩会使企业家的计划陷入混乱之外，还有观点认为通货紧缩会导致政治混乱。沃伦与皮尔森就认为："随着商品价格的崩溃以及由此产生的预算平衡困难，英国已经放弃了自由贸易政策而采取保护性的关税。为进一步限制进口，改善本土制造商的经济状况，他们发动了一场声势浩大的宣传运动，呼吁'购买英国制造'。"(1933，第297页)

的确，在价格通缩中，由于生产者陷入财务困境，他们会更强硬地推动保护主义政策。然而，这取决于政客与压力团体的修辞及公众对通货紧缩理论的了解。无论哪种情况，最终要为经济孤立负责的是保护主义政策而非价格下降。而且，价格上涨与竞争性的货币贬值也可能导致经济孤立。

沃伦与皮尔森还认为，在价格通缩中，人们会欢迎独裁者的出现(1933，第299页)。哈耶克担心通货紧缩与工资刚性会导致失业，从而为希特勒这样的独裁者所利用。[①]就上述观点而言，通货紧缩时真实工资的确显得较高，但在通货膨胀或其他任何时候，只要工会享有特权，或政府直接对劳动市场进行干预，那么真实工资都可能变得过高。此外，防止价格通缩的常用手段是进行货币扩张，而货币扩张会在一定时期内阻碍对生产结构进行必要的再调整，从而为将来制造更严重的危机。也就是说，货币扩张也会导致再分配，而这种再分配也可能为政治煽动家或独裁者所利用。实际上，政治煽动家可以利用一切机会。要想不被利用，重要的是公众对自由的热爱。

---

① 哈耶克(1979，第15页)。

4.2.5　误解4：通货紧缩必然导致大规模失业

这种观点主张，由于工资是粘性的，价格通缩会导致真实工资上升，从而导致失业(凯恩斯 [1936] 1964，第291页；斯文森2000，第29页)。[①]但是，价格通缩并非失业的终极原因。失业的终极原因只有两个：第一，失业是自愿的，工人不愿意为了雇主所愿意支付的工资而工作。[②]第二，由于政府干预(如最低工资法和工会垄断)，工人无法接受雇主原本可提供的工作。如果由于价格下降，雇主愿意提供的名义工资下降，那么只会出现两种失业：自愿失业，或因政府干预而导致的失业。

人们的确"不可能经常调整合同"以反映价格变化，因此，"成本往往要经过一段时间才能跟上价格变化。"还要强调的是："……因合同而固定的价格……本身绝非价格刚性。他们涉及对产出价值的分割协议。"因此，他们可能使"某一方获得投机收益，而另一方遇到投机损失"(赫特1995，第401页)。因此，真实工资(及所有其他真实的要素收入)会不断变动，但没有任何系统的经济法则会说，这些变动永远都是真实工资在上升。如果工资合同双方高估了将来价格下降的程度，那么真实工资就可能低于原先的估计。在制定长期合同时，雇主与雇员都会对未来的物价进行估计，并将其纳入各自的考虑之中。他们当然可能犯错，但在物价总体下跌或上升时，错误是双向的。

---

① 关于价格粘性可以证明部分准备金制度下信贷扩张合理性的讨论，参见巴格斯与豪登(2011，2012b)。

② 还有种可能是，工人正处在寻找更好工作机会的过程中。

不论哪种情况，如果过高的真实工资是因工会特权造成的，那么通货膨胀是没有用的，因为工会很难被不断上涨的物价所欺骗。他们会试图预测价格变动，就像米塞斯在大萧条时期所观察到的德国失业情况：

> "工会试图将工资提到比自由市场情况下还要高的水平，而政府为缓解各生产商的困难所做的努力与实际货币价格的高低毫无关系。工会不再争取较高的货币工资，他们转而争取较高的真实工资。"(米塞斯1978，第198页)[①]

还必须补上一句，在预测价格变动时，工会还可能高估价格上涨幅度。如果他们高估了价格上涨的幅度，失业率可能会比以前更高(洛卜克(Röpke)1995，第378页；赫特1995，第400页)。

4.2.6 误解5：价格通缩将会导致流动性陷阱

流动性陷阱是指，"一种持续若干年的经济形势，表现为持续的通货紧缩与通货紧缩预期、零利率及无效的货币政策。"(斯文森2000，第27页)斯文森又称流动性陷阱是有害的，"流动性陷阱可能导致的破坏……要做最坏的准备。"(第31页)他是怎么得出这个结论的呢？

按照这种观点，在流动性陷阱中，典型的凯恩斯主义刺激方

---

① 译自德文原版(米塞斯1931，第29-30页)。

案——即增加货币供应，"从而降低利率，进而促进投资，最终扩大总支出"(克鲁格曼1999，第2页)[①]——将不再有效。这是因为，当经济陷入流动性陷阱时，利率几乎为零，已无可再降，现实中也几乎没有投资。公开市场操作也不会增加投资，因为"私营部门只持有增加的基础货币而不是债券"。(斯文森2000，第28页)

另外还认为外汇干预可能也会失效，因为外国人相信货币会进一步升值，因此也只想保留新增货币。这就解释了为什么"欧洲和美国都害怕他们也会落入流动性陷阱中"。(克鲁格曼1999，第2页)

这种观点包含了如此多的错误，以致我们得将它掰开逐个批评。

上述观点的一部分是，如果名义利率接近零，通货紧缩会引起通货紧缩预期，导致真实利率提高(泰勒2001，第41页)，因为名义利率不可能变成负数。[②]因此，如果人们预计通货紧缩会持续，"真实的借款成本就会令人望而却步"，这就"给经济和政策带来特殊的问题"(伯南克2002，第3页)。的确，如果人们准确地预见了通货紧缩，投资和支出就会减少，价格也会被立即压低到之前预料到的水平，之后通货紧缩预期就不会持续，而这时离落入陷阱还差很远。

因此，罗斯巴德驳斥了所谓真实利率过高的论点，他表示，自然利率——比如基本的买卖价差——并不一定会因为普遍的价格下降预期而变化，"当(通货紧缩)被预料到时，(企业家)会持有货币而不是购买生产要素，这会立即将要素价格压低到他们将来期望的水

---

① 这种凯恩斯主义的推理是错误的，因为通过信贷市场增加的货币供应量不会引起更多的真实的资源投资，而只会导致错误的资源投资与更高的名义支出。

② 还可补充的是，将工资刚性引起的失业与由于真实利率上升引起的投资下降都算作通货紧缩的成本是错误的(波里欧与费拉多2004，第8页)。只有当通货紧缩是意料之外时，工资才会因价格下降而变得过高。只有存在通货紧缩预期时，真实利率才会超过名义利率。

平……"(罗斯巴德2001，第694页)在这种情况下，灵活的要素市场极为重要。

当然，如果不是所有的企业家都预计到价格通缩，就可能有名义利率大于零的贷款。

因此，在一段被预计到的通货紧缩时期，名义利率接近零并不能阻止人们借款或投资，因为投资是由自然利率，也就是市场中个人的时间偏好决定的。[①]只要预期买售之间仍有足够高的价差——这个价差由市场上的时间偏好决定，即使预料到售价下跌也不会阻止投资。同时，人们还必须考虑到，即使真实利率很高，低名义利率也会导致资本品的市场价格变高，因为其未来的收入流会以较低的利率折现。因此，当利率接近零时，资本品的市场价格会迅速上升，从而刺激资本品的生产投资。

在这个流动性陷阱的论证中，还有一部分是说，支出会由于通货紧缩的预期而被推迟(卡吉尔(Cargill)2001，第116页)。同样，这种支出——即投机——的推迟，会使价格加速下跌至预期的水平，同时加速调整。如果消费或投资比例不变，由于物价下跌，这种"积蓄"将在真实收入没有任何变动的情况下，令真实的现金余额大为增加，而这是人们乐于见到的。因此，支出的推迟并不必然意味着生产下降。一旦价格跌到预期水平，支出就会被触发。"而且，对货币的需求不是无限的"(罗斯巴德2001，第682页)，因为每个人都必然要在某些时候进行消费。

此外，因为明天的价格会更低，于是声称人们在物价通缩中完全

---

① 参见罗斯巴德(2000，第40页)。

不会消费就等于说，在出现轻微的通货膨胀时，人们完全不会储蓄而只会立即把收入花光，因为明天的物价会更高一点。对此我们不应忘记，对商品和服务的享用，人们的态度是宜早不宜迟。因此，即使他们预计货币的购买力未来会进一步上升，他们也会在某个时刻开始购买(许尔斯曼2006，第64页)。

在技术行业，由于生产率提高，人们往往会期待价格下跌。想象一下整个经济系统内的价格都被期待下跌的情形。与今天的技术行业类似，支出不会就此打住。在某些情况下，人们会等待、暂停今天的购买，以便未来可以支出更多。如果生产率的提高使人们预期价格会下跌，那么支出可能会从消费转移到投资。这样，在价格下跌时，消费可能会略有下降，而消费的商品越少，可用于投资和扩大生产结构的商品和服务就越多，从前无利可图的投资也因消费略有下降而变得有利可图。在价格通缩时，当投资相对于消费有所增加时，生产实际上也会增加而不是下降。(许尔斯曼2006，第64-65页)

流动性陷阱令人生畏的另一个特征是，在名义利率接近零时，由于高昂的真实利率，中央银行就失去了用信贷扩张去"刺激总需求"的权力(伯南克2002，第3页)。①用这个结论去反对价格通缩是很奇怪的。在中央银行眼中，通过信贷扩张去进行财富再分配的手段已经无济于事了，因此中央银行实际上可能会避免进一步的信贷扩张。这样，生产结构就不会遭到进一步扭曲，从而就不会有进一步的投资失误，而这种投资失误最终是一定会遭到清盘的。换言之，中央银行不

---

① 另见斯文森："第四，可以说同样重要的是，货币政策的无效消除了所有利用货币政策来达到稳定目的的可能性。"(2000，第29页)既然为稳定目的而采取的货币政策仅仅意味着干扰市场调节机制，我们就很难理解为什么央行失去这个权力会不好。从通货紧缩时期制定的货币政策可能很复杂这个假设，并不能必然得出通货紧缩不好、必须对其有所预防。

会再启动一个"繁荣-衰退"的循环了。[1]

有些经济学家之所以害怕流动性陷阱，是因为它会阻碍中央银行对经济进行"刺激"，但他们没有看到，货币供应的增加除了带来分配效应，还会使生产结构被人为延长。这种扭曲迟早会得到纠正。流动性陷阱的问题在于利率太低，而不是利率太高。

在流动性陷阱中，经济主体负债过多[2]，较高的利率导致旧有债务的资本价值变低，因此较高的利率使旧有债务能以较低的价格清偿，从而缓解了负债过重的情况。较高的利率还会加快错误投资的清盘。对错误投资的清盘与债务的减少都会降低不确定性，并缓解经济主体流动性不足的问题。稳定的制度与要素价格降低会增加信心并鼓励投资。这样，价格下降在逃离流动性陷阱的过程中会起到关键作用，而通货膨胀的措施、低利率与政府干预却会延迟经济复苏。

4.3 反对价格下跌的理论原因

4.3.1 针对价格通缩的偏见

长期以来，人们对价格通缩与货币通缩一直存有偏见。在第二章

---

① 大多数作者仍然发现了某种方法去扩大信贷并逃离流动性陷阱。实际上，找到一种逃离流动性陷阱的方法是大多数作者都希望完成的一个任务。比如说，古德弗兰德(2001，第24页)与卡吉尔(2001，第131页)。

② 或许称这种情形为流动性不足陷阱会更好，因为负债过多的经济主体们都认为自己流动性不足。

中，本文解释了为什么有些经济学理论会视价格通缩为负面因素，并表明为什么随着时间流逝对通货紧缩的看法变得越来越负面。在4.2节中，本文驳斥了几种反对通货紧缩的主要观点，同时已经说明，这些理论和观点往往是在通货紧缩时期出现的；在4.2.4节中，本文进一步分析了一种观点，该观点认为价格通缩是坏事，它将引起社会动荡和政治混乱。在4.1.2.3节中，本文还解释了，价格通缩是如何可能削减政府权力，以及政府的药方通货膨胀又是如何为政府及其裙带的利益服务的。这就可以解释为什么与政府有关联的如银行，会持有反对通货紧缩的偏见。现在，我们要更详细地解释下，反对价格通缩背后有什么理论原因，特别关注为什么价格通胀收到的反对意见不如价格通缩那么多。

4.3.2　错误的理论与政府

理论会影响人们的看法。如果人们认为某种事物对自己有害，那么他们就会反对它。正如第二章所示，大多数经济学理论认为通货紧缩是有害的。如今，这个领域的经济学研究主要是由政府主办的大学或中央银行赞助的，这两个机构都害怕价格通缩，却能从货币扩张中获益。①学术界对通货紧缩的看法是经由观点的"二手经销商"(如媒体和教师)传播给大众的，这样，人们就一遍遍地被告知，价格通缩是有害的。谎言千遍，即成"真理"了。

---

① 怀特(White)(2005)描述了美联储对货币研究的影响。他的研究表明，2002年，有关货币政策的绝大多数文章都发表在美联储的期刊上，或是与美联储的经济学家共同完成的。

4.3.3　通货紧缩的再分配与其反对者

从理论角度来看，我们理解为什么人们在价格下降的时候有理由感到不满。每一次经济发展中，输赢都取决于对未来的预测，以及自己的行为能否与所做判断相协调。价格下跌意味着，没能准确预料到这一点的企业家会亏损，他们为生产要素付出了过高价格，将使他们亏损。另外，那些真实债务负担增加的人也会受损。在价格通缩时，债务人会输，而债权人会赢。[①]在通货紧缩时，债务人的压力往往缓慢上升，他们的心理会出现不安情绪。

要补充的是，在增长型通货紧缩中，这并不意味着生产者将无法偿还债务而走向破产。尽管债务人的真实债务负担增加了，但他们的真实收入也增加了，同时名义利率却仍保持不变[②]，这是因为生产者的生产率与产出都提高了。产品的价格虽在下降，但因销量巨大，可能足以抵消价格下降的影响。此外，生产者之所以恰好提高了产出，是因为他们相信自己的货币收入可以因此得到最大化。因此，他们并不一定会因为债务偿还的问题而陷入困境。只有售出收益比购买收益跌得更快的生产者才会遇到货币收入下降的问题。

4.3.3.1　损失的凸显程度

人们对通货紧缩不满是因为，与价格通胀时相比，价格通缩时的

---

① 这与价格下降是否被料到无关。相对于价格未下跌时，债务人会受损。即使他们预料到了价格下跌，他们仍然反对价格下跌。

② 参见塞尔金(1997，第42页)。

经济再分配有所不同。价格通缩时的再分配效应与价格通胀时相反，后者将使真实的债务负担减轻，因此债权人受损，而债务人受益。那么，为什么人们更反对价格通缩而不是通胀呢？出于几个原因，通货紧缩的效应与通货膨胀的效应并非严格对称。首先，价格通胀时，再分配效应比价格通缩时更模糊。价格通胀时，随着贷款收入的购买力下降，债权人是慢慢而非突遭损失的。与没有通胀时相比，债权人可以买到的商品和劳务变少，但这种损失几乎是无形的，很难察觉。相反，价格通缩时，真实的债务负担可能凸显得如此沉重，以致人们必须对债务进行重新协商，甚或令债务人破产。①在后一种情况下，资产将转交给债权人。这并不必然会破坏生产，因为变化的只是生产性资产的所有权，生产还可如常进行。甚至可以说，长期来看，这种再分配很可能促进生产发展。因为这种再分配是将资源从那些储蓄略少(时间偏好率更高)的人即债务人手中，转入储蓄略多(时间偏好率更低)的人即债权人手中。通过这样的再分配，总储蓄会有所增加。

然而，破产过程意味着通货紧缩型再分配与通货膨胀型再分配有一个重要不同，后者几乎没有破产现象，而破产再分配却是极为明显的，也常常是一场个人悲剧，因此与价格上涨时受到损失的债权人相比，宣布破产的人可更容易感知自己的损失。

4.3.3.2　损失波及面的集中度

价格通胀中，损失通常由很多人一起承担，他们占总人口的很大一部分，每个持有货币或借出货币的人都会受到影响。因此，随着缓

---

① 关于这一点，还可见许尔斯曼(2008，第 27页)。菲利克斯·索马莱(Felix Somary)(1959，第185页)也有类似的陈述，他比较了通货膨胀与通货紧缩所产生成本的明显程度。

慢而逐步上涨的价格，出现抵制情绪或社会不安的可能会小于价格通缩之时。因为在价格通缩时，损失的波及面通常并不大却很集中。与受益的消费者相比，那些出售收益比购买收益跌得更快的卖家在人数上更少，也更有组织性。另外，一个债务人或负债的公司通常有很多债权人，这意味着价格通缩时，当很多债权人分享收益时，债务人(或负债的公司)却要承担所有的损失甚至可能破产。相比价格通胀时，由于损失没有让很多人分担，就更容易出现社会不稳定。①

4.3.3.3　赢者与输家的组织性与权力

从历史来看，价格通胀的输家的组织性不如价格通缩的输家。②在价格上涨时，受损的是收入相对固定的群体，如租赁人与债权人。这个群体相当庞大，他们往往组织松散，组织的收益会分散在很多人身上，很容易出现搭便车的情况。相反，在价格通缩时受损的群体较少，相对就更容易组织。③因为此时搭便车的问题并不严重，与团体成员必须承担的个人成本相比，团体组织起来的利益很高。

这样，价格通缩的受损群体通常有更好的组织性。价格通缩时面临大量亏损危险的是负债的农民和商人之类的群体，这就解释了他们为什么会强烈反对价格通缩并成功地组织起来。这些群体通常也有更

---

① 公共选择方面的文献强调的是，在寻求通过政府干预来实现财富转移或反对政府干预以捍卫自己利益时，组织一个利益团体的成本。参见小罗伯特·埃克隆德(Robert Ekelund. Jr.)与罗伯特·托里森(Robert Tollison)(2001)。如果负担由少数人承担，那么组织寻求财富转移的利益集团就相对容易，因为行动的激励较高。

② 为什么有些群体更容易为了寻租而组织起来，比其他群体拥有更大的影响力？有关这个问题的公共选择文献，可参见戈登·图洛克(Gordon Tullock)(1967)或曼瑟尔·奥尔森(Mancur Olson)(1971)。

③ 参见奥尔森(1971，第5-52页)为例。

大的政治影响力。房屋所有者的组织也构成一股重要政治势力。负债
过多的房屋所有者可能会失去某些基本的生活物品，也就是自己的房
屋，因而就可能发出强烈甚或暴力的抗议。农民团体可以为会员提供
排他的服务，可谓一个相当可靠的团体。[1]商界也很容易凭着共同利益
组成一个个小团体。[2]价格通缩时，商业的确会损失很多。历史上最
大的债务人通常都是商业精英，他们会强烈反对价格下跌，因其可能
导致自己的企业破产。他们通常有严密的组织，影响力极大，且往往
"大而不倒(too big to fail)"，这意味着他们具有强大的政治影响力。
他们不仅相对其他群体会受损，还常常面临绝对意义上的损失，因此
反对价格通缩就不足为奇了。

当前的货币制度是倾向于通货膨胀的，现代社会的精英们从中受
益巨大。在一个倾向于价格通胀的体系中，通过储蓄去购买房地产是
毫无意义的，人们会倾向于用借款购买资产。当价格通胀出现后，这
些债务负担就会减轻，然后人们会拿买到的资产做担保，去获得更多
贷款，从而进一步推动资产价格上升。也就是说，通过新创造出来的
货币，有资产的人可用这些资产去购买更多的资产。在这样一个价格
不断上涨的世界里，个人和公司让自己负债才是明智的。结果是，我
们的社会精英、富裕的资产所有者、公司、金融机构与政府都越来越
依赖于货币创造来减轻自己的真实债务。

长期而残酷的价格通缩会使大部分金融机构、商业精英与政府都

---

① 奥尔森(1971，第132页)解释过，在大的团体中，如果可以提供排他性的"副产品"
服务，搭便车的问题就会解决。对农民来说，这些服务可以是农业杂志或教育服务等。
② 参见奥尔森(1971，第143页)。

陷入破产。[①]以政府为例，政府喜欢通过借款而不是增税来应付开支，由于增税会更清晰地暴露政府的支出成本，所以并不受大众欢迎。于是，银行系统就通过货币创造的方式直接或间接地为债务进行融资。的确，在今天的政府债务中，很大一部分都是由金融系统持有的。如果价格通缩经久不息，将导致政府拖欠贷款，金融系统就会遭遇严重损失。[②]由于金融系统是互相关联的，那么整个系统就可能崩溃。随后就会出现信贷紧缩，进一步加重价格通缩，然后就会出现破产的连锁效应。最终，所有依赖价格进一步通胀的经济实体都将无法偿还债务。

总之，由价格通缩引发的大规模破产将损害银行系统、负债的企业与政府的利益，今天的精英会垮掉，新的精英会诞生。而今天的精英已有良好的组织且有强大的政治与金融影响力，所以他们一直能够设法避免价格通缩。

然而，那些将受益于价格通缩的群体更为庞大，但通常也没有很好的组织。广大的工薪阶层与消费者往往会在价格通缩中受益，同样还有储蓄者和债权人。但是，如上所述，价格通缩中受益的群体比受损群体更广泛且松散，因此对那些组织良好的强大的集团所施加的公共压力，受益者并不会进行激烈的反抗。

---

① 许尔斯曼(2012，第99页)指出一个事实，所有政客，无论属于哪个政党，意识形态如何，在其他领域的分歧有多大，都一致反对价格下降。

② 当然，银行作为债权人，在价格下降中也处于受益一方。不过，如果某个房屋所有者无法偿还抵押贷款，银行就不得不接管这座房子，此时，如果房价迅速下跌，银行通常就会遭受损失。此时，真实债务负担的增加就往往等同于信贷紧缩时价格急剧下跌情况下银行资产的损失。

4.3.4　货币幻觉

价格通缩为什么会遭到反对，还有一个原因是货币幻觉。[①]价格通缩中，名义上的财富与收入都可能下降[②]，因此，货币幻觉指的是收入与财富的幻觉。

我们先来考虑收入幻觉。即使真实收入没有变化，甚至可能在上升，人们也可能觉得自己变穷了。价格通缩比价格通胀会遭到更多反对，其中的确有心理上的原因。很多人更关心的是自己作为生产者的未来，而不是自己作为消费者的未来。[③]因此，当价格普遍下降时，人们往往会忽略他们所购买的很多商品的价格也在下降。相反，他们会关注他们所售出的某种商品或服务的价格。如果该价格对未来非常关键，譬如劳务或某种产品，那么他们就会反对价格下降。比如说，如果一个工人的工资下降了，那么他就会更关心工资下降，而不是消费支出也下降了。对生产者来说，如果其产品价格下跌，那么可能他更关心的也是产品价格，而不会注意其生产要素和消费的价格也在下降。在这两种情况下，销售价格显得非常切己，因此其下降也就遭到更多反对。

再看财富幻觉。在价格通缩时，资产价格，如机器价格，可能会下降，因此企业可能面临会计损失。但即便如此，他们也不会有真实的损失。然而，除了会计幻觉，名义财富价值的下降会导致另一种

---

① 波尔多等认为，这很可能就是1880年代与1890年代的情况 (2004，第16页)。

② 这并不是说所有的通货紧缩都必然如此。在增长型通货紧缩中，因为生产增加了，可能并非每个人的名义收入都会下降。由于实物生产率提高了，工人边际价值生产率的折现(DMVP)可能会不变。有关DMVP的概念，参见罗斯巴德(2001，第387-409页)。

③ 参见斯托尔帕(Stolper)(1966，第137页)。

幻觉的破灭。由于资产价格下跌，人们会感到变穷了。例如，衰退期间，当银行实施信贷紧缩时，总资产价格会下降，股市可能会崩溃。当股市价格骤降时，股市投资者会后悔莫及，他们会突然发现，自己的很大一部分投资都是在虚假繁荣期间的错误投资。当然，这些错误投资可能是很久之前作出的，只不过到现在才暴露出来。股市崩溃之前，处于财富幻觉中的投资者并没有意识到错误投资对真实财富的损害。现在，由于资产价格的下降，痛苦的幻灭过程开始了。

与股市破灭类似的是价格通缩时由于真实债务增加而导致的破产。债务人失去了一切，而债权人往往只以货币形式回收了部分投资。此外，债权人有时不得不等待很长时间，才能将投资收回。由于破产，人们才发现原先的投资项目是不可行的。在破产中，真实财富的损失变得明显。这里的幻觉在于，破产之前，人们并不知道真实财富有损失，他们认为是破产损害了真实财富。但实际上，在投资发生伊时，损失就已经造成了，它只是在破产时才暴露出来。

还有一种幻觉的破灭也涉及人们的财富。价格通缩引发信贷紧缩时，部分准备金银行制度可能出现问题。当储户无法全额收回自己的储蓄，或必须等待才能收回储蓄时，他们就会感到不满。他们现在才意识到，银行已经把自己的储蓄用掉或者借出去了。然而，无力偿付的银行不过是将之前就已发生的再分配，现在暴露出来。

相比之下，价格通胀时，情况正好相反。由于会计利润及资产价格和名义收入的上涨，人们感到自己更富有，到处都弥漫着乐观情绪，似乎一切皆有可能。这就解释了与价格通缩相比，人们为什么不太反对价格通胀。因此，货币幻觉及其破灭可能也是解释社会不安的一个因素。

4.3.5　通货紧缩与经济衰退

通货紧缩常常与经济衰退及银行信贷紧缩同时发生，这也是它遭到反对的一个原因。因此，通货紧缩往往与经济衰退联系起来。如上面所述，在衰退期间人们清楚地看到，之前的繁荣是一场幻觉，而很多投资都是错误的。因而，在衰退期间大家普遍过得不好，这不仅是一个幻觉破灭的时期，也是一段社会艰难期，因为生产结构在调整。公司在破产，资本在转移，很多人失了业。

人们很容易将价格通缩视为经济衰退的起因，因为价格通缩有时会和经济衰退同时出现。但事实刚好相反，价格通缩不是经济衰退的起因，而是银行信贷紧缩的结果。信贷紧缩的根源则是银行的通缩信贷扩张。人们将价格通缩与衰退混为一谈，又将价格通胀与繁荣混为一谈。这样，价格通缩与衰退的相关性被误认为因果，也成了反对价格通缩的一个理由。

第 5 章

历史上的两个通货紧缩案例

5.1 1865—1896年美国增长型通缩

5.1.1 引言

1865—1896年，美国经历了史上最长时间的价格通缩。也就是说有相当长的历史阶段伴随着价格的不断下降，因此这成为特别值得关注的历史案例。价格下降的一个主要原因就在于经济的持续增长，所以我们对于增长型通缩的分析是有意义的。本章的分析表明，价格下降并不一定会给经济增长带来问题。[①]在这个案例中，经济发展反而导致价格下降。此外，总体上而言，价格下降会带来所有市场参与者相对财富地位的变化。当许多东西的价格在很长一段时间内下降，那么相对财富地位，甚至绝对财富地位都会出现巨大的变化。财富会在那些预料到变化与没有预料到变化的企业家之间重新分配。在这样的变化中，那些相对财富地位降低了的人会形成社会不稳定因素。这一部分人主要是经济保守主义者，他们一般抵触变化。还有债台高筑的个人或企业，通缩使他们的实际债务负担加重。另外，保守经济理论认

---

① 反对百分百金本位制的一个普遍的论据就是，这样的系统将会损害经济增长。当黄金供应赶不上经济增长时，价格就会下降，导致衰退。经济学家中最广为流传的一个误读就是，货币供给必须增长到和生产力一样快才能防止价格通缩的出现。当时美国的增长型通缩表明，这就是一个伪理论。

为通胀与通缩都会对经济整体带来危害。这至少能够部分回答为什么许多经济学家与记者都会害怕而不是欢迎通缩，这还可能解释为什么价格通缩传统上一直与衰退相联系，普遍被人们持负面评价。

5.1.2　1865—1896年间美国货币机构

5.1.2.1　内战序幕：1861—1865年

为了了解货币历史和价格下降的意义，我们有必要简单地介绍一下内战结束后三十年内的货币机构。1865—1896年，美国的货币历史在理论上可分为两个不同阶段：绿钞时代和金本位制通缩时代。实际上，绿钞时代是从1861年12月30日，即1865年之前[①]，私营银行取消铸币支付时才真正开始的。银行取消铸币支付，显然违背了私人合约，没有履行用黄金兑换见票即付的银行票据和活期存款的义务。政府也没能保证这些私人合约的执行，次日，财政部也取消了对国库券的铸币支付。

为什么私营银行要取消铸币支付呢？因为美国内战开始了。内战导致政府支出从1861年的6600万美元激增到四年之后的13亿美元。[②]1861年秋，美国政府发行了巨额债务供银行购买。由于政府坚持铸币支付的要求，耗尽了银行的铸币储备。内战的军事事务比美国政府之前预期的更艰难，因此政府不仅增加了新的税收和关税，更进

---

① 关于绿钞时代概况，参见斯图登斯基和克罗斯(Studenski and Kroos)(1963，第143-146页)或者罗斯巴德(2002，第123-159页)。

② 参见罗斯巴德(2002，第123页)。

一步提高了负债规模。由于人们预期联邦政府赤字和债务增加、银行储备金下降，所以他们对银行票据的信心逐渐动摇，人们开始囤积黄金，并把银行票据换成黄金，从而威胁到了银行体系的流动性。1861年后期，银行的铸币每周都在流失(仅纽约就失去了700万美元[①])，金库里的黄金存量也不断下降。取消铸币支付势在必行。

战争的资金支持逐渐减少，但政府官员不愿再增加税收，因为这会引发人们对战争的抵触情绪。政府代表和银行家埃尔布里奇·斯波尔丁(Elbridge G. Spaulding)提议，政府应该发行零息国库券，并宣布这些零息国库券是所有私有和公共债务的法定货币，但不可以兑换为铸币。该项建议最终在1862年颁布的《法定货币法案》中成形。该法案授权印制1.5亿美元的新"美国纸币"。这些纸币不能兑换，被称为绿钞。[②]从一开始，人们就预期最终(战争胜利之后)这些纸币能够兑换成黄金。此外，这些纸币能够按票面价值转换成附息政府债券。然而，因为政府的计划是一旦换成债权后便再次发行纸币，所以公众对于这种选择并不感兴趣，于是可转换成债券的兑换方式在1863年宣告停止。

铸币支付的方案停止之后，格雷欣法则发挥作用，金币退出了流通。人们试图用法定货币——绿钞——来还债，并囤积或者对外流出被人为低估的黄金。加利福尼亚州是唯一的例外，当地出现了对绿钞使用者的社会制裁。用绿钞还债的人将被列入黑名单。之后，加州通

---

① 参见斯图登斯基和克罗斯(1963，第143页)。
② "绿钞"的名字源于其印刷特点，因为该币正面为黑色，反面为绿色。这个名字还指这些纸币是由绿色的纸支持的，而不是像之前那样由黄金支持。

过了"特定合同法"，该法令只让特定货币类型的合约生效。①当然在任何情况下，黄金仍然拥有自己的市场。因此，财政部用黄金支付债券利息，用铸币支付关税。银行用绿钞与黄金来管理存款。从这点看，美国当时存在着绿钞和黄金的双重本位制。②

铸币支付取消之后，绿钞立即开始贬值。财政部部长萨蒙·蔡斯(Salmon Chase)宣布绿钞不再可以兑换成附息债券，导致绿钞进一步贬值。规律是，绿钞会随着北方的战败而贬值，随着北方的胜利而升值。人们希望北方能够获得战争胜利，希望绿钞最终能够兑换成黄金。这就解释了为什么绿钞会随着战争胜负而波动。1864年6月，绿钞跌到相当于铸币40美分的低点。与此同时，用新法币支付的商品价格则大幅上升。③

美国当时采用的是金银复本位制，金银之间的兑换比例是固定的。然而，在很长一段时间里，由于银对金的兑换率被低估，只有很少的银币依然在使用。然而绿钞贬值之后，甚至这很小一部分的银币都被低估且不再流通，镍币最终也没能逃脱这一命运。④

内战期间出现的另外一个制度变化就是通过了1863—1864年《国民银行法》，建立了健全的银行体系。在这一体系下，国民银行可以免税发行纸币，但是州银行却必须纳税，税率从1863年的2%很快增加到了10%，使得印钞的行为得不偿失。⑤州银行⑥必须在国民银行开设

---

① 参见米契尔(Mitchell)(1903，第143页)。
② 参见希尔兹(Shields)(1977，第115页)。
③ 参见斯图登斯基和克罗斯(1963，第147页)。
④ 参见斯图登斯基和克罗斯(1963，第148页)。
⑤ 参见斯图登斯基和克罗斯(1963，第154-155页)。
⑥ 州银行只能在获得授权的边境做生意。

账户，才可以在这些账户上增加活期存款或者银行票据。此外，银行发行票据是与美国政府债券所有权相关联的，目的是给美国政府债券创造一个大容量市场。银行只有把美国政府债券作为等价物抵押在美国财政部才可发行银行票据。[①]因此银行得以把政府债务货币化，但是存单的发行却不受这样的限制，所以银行倾向于发行存单而不去发行票据。[②]

5.1.2.2 内战之后的绿钞时代：1865—1879年

内战结束后，美国积累了大量的公共债务，而不可兑换的绿钞也一直在贬值。问题是，到底是否应该以及什么时候恢复铸币支付。共和党比民主党更加反对重新启动铸币支付方案。1866年3月众议院通过了《贷款法案》，为恢复铸币支付做了准备。该法案获得了民主党27张支持票，1张反对票；共和党56张支持票，52张反对票。[③]

恢复铸币支付尽管取得了许多进步，但是也有一些问题。内战之后的信用扩张[④]导致了泡沫，从而不可避免地引发了1873年的衰退。这次恐慌之后，企业对便宜贷款的呼吁促成了1874年4月《通货膨胀法案》通过。虽然民主党以35-37反对该法案，但是共和党仍以105-64通过。《通货膨胀法案》旨在大幅增加绿钞与国民银行票据。然而，《通货膨胀法案》随后被格兰特总统否决。

1874年，民主党成功通过议会选举，与共和党在货币事务上联

---

① 维拉·史密斯(Vera Smith)称这一体系为一个"债券存款体系"，因为为了发行纸币，政府就必须发行债券(1990，第52页)。

② 参见史密斯(1990，第149页)。

③ 关于这一点，参见罗斯巴德(2002，第151-152页)。

④ 参见罗斯巴德(2002，第154页)。

合，1875年通过《恢复铸币支付法案》。[①]该法案允许财政部长用政府债券购买黄金，以此来为1897年1月1日恢复铸币支付作准备。[②]但是该法案取消了国民银行发行票据3亿美元的上限，是一次硬通货与软通货支持者之间的妥协。随着财政部长约翰·谢尔曼在欧洲出售美国债券换取黄金，获得充足的黄金储备，铸币支付最终得以恢复。

当时美国货币事务的另外一项重大变化也值得关注：银的去货币化。如前所提，美国之前从严格意义上来说一直采用金银复本位制标准，1834年之后，银的价值被低估。因此，银最终也就退出了流通。1853年，复本位制下银兑金的法定比率是16比1，然而银的市场价值高于法定价格，因此只有很小一部分银币还在流通。实践当中，美国采用的是金本位制。罗斯巴德认为[③]，1872年，美国财政部中一些有识之士已经开始预计银的市场价值会下降。这是因为内华达州与另外一些位于美国西部的州发现了新的银矿，欧洲国家也正在从银本位制转向金本位制。这就意味着，在16比1的兑换率下，黄金也会逐渐由于被低估而退出流通。这样银就会流入美国，不过一些法律阻止了美国成为银本位制。1873年2月，一部被称为"1873恶法"的法案终止了银币的铸造。之后，1874年6月的一项法案又规定，支付额超过5美元时，白银不再具有法定货币地位，这实质上意味着银的去货币化。该项法案通过之后，银的市场价值下跌，兑换率开始高于16比1。1876年，兑换率几乎达到了18比1，1894年甚至高达32比1。1878年，《布兰德·埃勒森法案》(Bland-Allison Act)要求财政部长每个月购买200万到400万

① 关于《恢复铸币支付法案》，参见杜威(Dewey)(1907，第372-274页)。
② 参见巴雷特(Barrett)(1931，第186页)。
③ 参见罗斯巴德(2002，第157页)。

市值的银，以满足人们的诉求。但银的价格不断下降，必须要购买更多的银才能稳定价格。

5.1.2.3　价格通缩下的金本位时代：1879—1896年

1879年之前恢复铸币支付之路漫长而艰难。然而，即将恢复铸币支付前，黄金对绿钞的溢价已在稳步下跌，而在铸币支付正式恢复的时候已回到了面值水平。格兰特政府最终决定在1875年恢复铸币支付，黄金对绿钞的溢价仍是17%。人们对以黄金背书的绿钞又有了信心，黄金开始流入美国，促进美国的出口增加。黄金流入量从1879年的1.105亿美元增加到1882年的3.583亿美元。随着这些黄金的流入，银行系统存款逐渐增加，存款量从1879年的21.49亿美元增加到1882年的27.77亿美元。货币扩张推动了1879—1882年三年的经济繁荣。但是1882年之后衰退出现了，随后就是1884年的金融恐慌。这是由于人们对于美国坚持金本位制的信心下降、对银的兴趣日渐浓厚，由此黄金流出触发了恐慌。[①]

1890年，支持白银的势力再次上升，《谢尔曼白银采购法》(Sherman Silver Purchase Act)最终获得通过。该法案要求财政部每个月购买450盎司的白银，比《布兰德·埃勒森法案》要求的平均购买量翻了大约一倍。两项法案之间的区别在于前者规定了购买白银量至一定的比例。这意味着如果白银价格一直下降，长期来看，财政部的白银购买量会比在《布兰德·埃勒森法案》的时候更少。购买白银是用新的可兑换法定货币即绿钞(1890年纸币)支付。按照财政部的规定，这

---

① 参见罗斯巴德 (2002，第160页)。

些绿钞可兑换成白银或者黄金。这意味着美国要重回金银复本位制，如果金银的兑换比率依然是16比1，那么就会因白银货币化而导致通胀。结果是，外国人对美国坚持金本位的信心下降，黄金在19世纪90年代初开始流出美国。此外，其他一些因素也加剧了信心的崩溃。因此，1892年7月，美国参议院通过了一项允许自由铸造银币的法案。不过这项法案并没有进一步推进，否则可能会使白银成为法定货币，将美国实质性地带入银本位制。1892年，黄金出口增加导致黄金储备下降。与此同时，信用扩张带来了经济繁荣。1893年，公众对于银行的不信任导致大量的银行挤兑和倒闭，这引发了经济衰退。这些事件被称为1893年恐慌。银行于是取消了铸币支付。1893年8月，存款不再可以兑换为现金，只能相对于货币折价出售。11月，克利夫兰政府废除了《谢尔曼白银采购法》，财政部从JP摩根(J.P. Morgan)和奥古斯特·贝尔蒙(August Belmont)周围的银行家手里购买黄金，赢回了外国人对美国坚持金本位制的信心。

1896年，支持黄金的共和党人获胜，民主党候选人、白银支持者威廉·詹宁斯·布赖恩(William Jennings Bryan)失败，美国坚持金本位制的决心也逐渐令人信服。

总体来说，1865—1896年，美国经历了巨大的制度变革，由于没有央行这种机构的支持，一小部分储备银行所组成的金融体系产生了不稳定，导致货币扩张和收缩，甚至引发金融恐慌(1873，1884，1890和1893)[1]和现金支付的取消。经济繁荣时期的不稳定和投资不当以及随后在衰退过程中的清盘，扰乱了经济增长。但是，尽管金融系统的

---

① 参见史密斯(1990，第151页)。

建立确实抑制了部分经济增长，但是剩下的增长仍然很可观。

5.1.3　1865—1896年的价格与货币

5.1.3.1　价格

　　在总结了货币机构在这一时期的历史之后，我们现在来看一下1865—1896年价格变化的历史。这一期间，价格总体上是下降的。我们将试着对价格作出更多的定性结论。乔治·沃伦(George F. Warren)和弗兰克·皮尔森(Frank A. Pearson)编制的批发价格(1910-1914=100)[①]如下图所示(图5.1)。

批发价格指数

图5.1　批发价格指数(沃伦-皮尔森)，1865—1890

　　1865年的价格指数为185，而自此之后的六年，价格指数持续下

---

① 参见美国商务部，1975，系列E 52–63，第201页。

降到130，降幅达30%。这意味着这六年间价格平均每年下降5.7%。1872年，信用推动的经济繁荣中，价格指数有所上升，增加到136，之后则下降到1879年的90。在随后的经济扩张繁荣期，价格指数再度上升到1882年的108。沃伦和皮尔森编制的指数在1890年终止，当年该指数为82。另一项由美国劳工统计局(BLS)统计的批发物价指数从1890年开始发布(1934=100)，该指数从1890年的76.1下降到1896年的61.7，降幅达到18.9%。如果换算成沃伦和皮尔森的指数，就等于66.5[①]，也就是说，这一时期内价格每年平均下降大约3.5%，四十年间批发物价指数总共下降64%。沃伦和皮尔森指数与之后的BLS统计数据延展开来，得到了下面的图(图5.2)。

批发价格指数

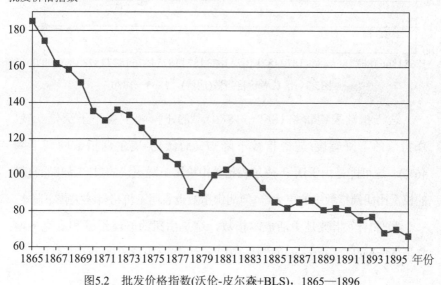

图5.2　批发价格指数(沃伦-皮尔森+BLS)，1865—1896

———————

① 参见美国商务部，1975，系列E 87–89，第203页。

另外一个消费者价格指数是由埃塞尔·胡佛(Ethel D. Hoover)编制，覆盖了1851—1880年。胡佛指数从1865年的175下降到1879年的108，1880年又上升到110(图5.3)。

消费者价格指数

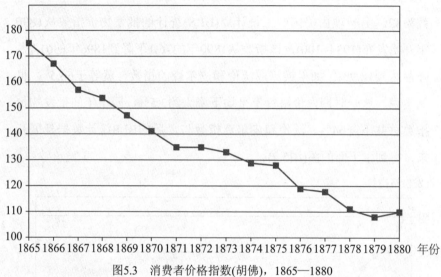

图5.3　消费者价格指数(胡佛)，1865—1880

这一指数表明价格1865—1880年[1]的下降幅度要小于沃伦-皮尔森指数的下降幅度(胡佛指数下降37%而沃伦-皮尔森指数同期下降46%)。这可能是由于沃伦-皮尔森指数中价格下降更快的农产品和原材料的权重比胡佛指数中的更大[2]，但胡佛指数也表明了价格持续大幅下降。

另外一个指数是生活成本指数，这是由纽约联储银行和麦克·博格斯(Michael C. Burgess)编制，1913年为基年(1913=100)[3](图5.4)。

---

① 参见美国商务部，1975，系列E 174–182，第212页。
② 参见弗里德曼和施瓦茨(1971，第33页)。
③ 参见美国商务部(1875，第212页)。

生活成本指数

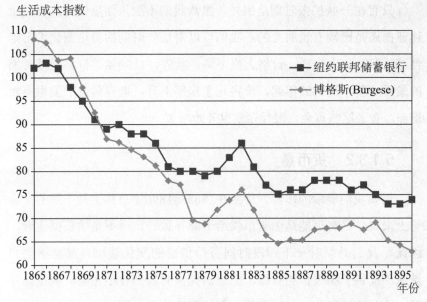

图5.4 生活成本指数(纽约联邦储蓄银行，博格斯)，1865—1896

这些指数显示了与沃伦-皮尔森指数或者胡佛指数类似的趋势。纽约联储编制的生活成本指数从1865年的102下降到1896年的74，同期博格斯指数从108.1下降到62.9。上述两种指数的降幅没有批发价格指数大，这意味着生活成本并没有批发价格的降幅大，但是两个指数都表明价格在大幅下降。

我们也可以通过GNP的数据计算隐性价格指数(1958=100)。[①]1869—1878年，该指数的平均值为32.1，1879—1888年间下降到26.5，1896年为21.7，从而也表明价格在这一时期内大幅下降。

所有这些价格指数基本上都得出同样的结论，即这一时期价格在持续下降。

————————

① 参见美国商务部(1875)，系列F 1–5，第224页。

只有在一些扩张时期是例外。虽然我们不应按面值计价，但是上述证据还是比较有说服力的，我们可以对这一时期的价格变化给出定性结论：总体上来说，价格大幅下降。此外，1896年是价格通缩时期的最后一年。从1897年起，价格几乎年年上升，世界黄金产量也不断增加，有了这些黄金，银行存款也开始增加。

5.1.3.2　货币量

正如我们展示的那样，价格在1865—1896年总体上是下降的。理论上来说，这有可能是由货币供给下降导致的，而不是增长型通缩。因此，我们必须看一下那段时间货币供给的变化情况。弗里德曼和施瓦茨提供了相关预测数据，但他们提供的数据并不完整，质量也存疑。这些数据仅从1867年开始，且没有区分商业银行的定期和活期存款。我们将使用弗里德曼和施瓦茨提供的总量数据，包括公众持有货币①和商业银行总存款，但不含互助储蓄银行的存款，因为它们不是见票即付的。遗憾的是，我们必须把定期存款包含在其中，因为弗里德曼和施瓦茨只提供了存款总量。

根据弗里德曼和施瓦茨的数据(图5.5)②，在绿钞时代和金本位制这两段时间内，货币供给(公众持有货币与商业银行定期存款总量)增加了。在绿钞时代，货币供给增长期从1867年1月持续至1879年2月③，但供给并非稳步增长。1867—1868年，货币总量从1,314百万美元小幅下

---

① 货币包括金币、金银券、美国票据、纸币、1890国库券、标准银元、银辅币、辅币、其他美国货币、州银行票据、国民银行票据、低值铸币、美联储票据和联储银行票据。

② 这些数字以百万计。参见弗里德曼和施瓦茨(1971，第704-705页)，表A-1。

③ 必须要指出，这些数字不能只看票面价值，17%精确度太高，不现实。但是，我们可以安全地说，货币供给在这一时期的涨幅处在10%～30%区间。

降到1,244百万美元。之后货币供给高速增长，达到了1,622百万美元，直到1873年恐慌时才结束增长。恐慌发生后货币供给开始下降，1874年2月总量为1,592百万美元，随后便又增长到1875年8月的1,695百万美元。在之后的四年，货币总量小幅下降，1879年2月下降到1,543百万美元。所以这里，我们面对的情况就是通胀繁荣之后银行信用在衰退中的紧缩。货币供给大幅增加会产生不良投资，典型如对铁路业的投资。资本进口也促进了货币供给的增加。当资本流入量下降，一些铁路企业出现违约，银行倒闭[1]，引发了1873年的金融恐慌。不仅不良投资会尽快清盘，黄金流出的情况也会出现。信用紧缩加快了不良投资的清盘速度。

单位：百万美元

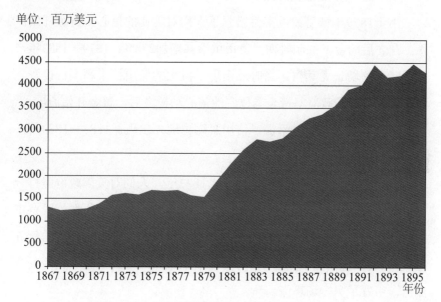

图5.5　公众持有货币和商业银行存款，1867—1896

---

① 参见弗里德曼和施瓦茨(1971，第77–78页)。

总体上来说，在绿钞时代，我们面对着不断增长的货币供给和多年的经济衰退，在衰退中，货币供给实际上是小幅下降的，这在现代历史中并不多见。正如弗里德曼和施瓦茨所说：

这是非同寻常的。五个自然年度中货币储备下降，七个自然年度中货币储备增加。平均来说，增幅大于跌幅，但是即使这样，1879年2月，货币储备依然只比12年前的1867年1月高17%。事后来看，这已经是一个非常高的降幅比。(1971，第31页)

不过这毕竟还是增长了。

由于1879年恢复铸币支付增强了人们对美元的信心，黄金开始流入。在之后的金本位制时期，货币供给共增加276%。1879—1883年，货币储备的增长尤其快。当时还出现了巨大的信用扩张和不良投资。但在公众对美国政府坚持金本位制的信心动摇之后，黄金开始流出[1]，从而引发了衰退和金融恐慌，信用紧缩也随之出现。1883—1884年，货币供给小幅下降。

衰退之后，另一轮周期开始了。1892年，人们对美国政府坚持金本位的信心再一次动摇，引发的黄金流出导致经济萎靡不振。股票市场的崩盘引发了1893年的金融恐慌，不良投资开始凸显。短暂的复苏之后，1895年支持白银的政治势力逐渐增强，这导致了新一轮的黄金流出，引发了另一场恐慌。[2]

由于1895年的恐慌，1896年货币供给小幅下降到4,266百万美元。

---

[1] 参见弗里德曼和施瓦茨(1971，第106-107页)。
[2] 参见弗里德曼和施瓦茨(1971，第108-111页)。

总体上来说，金本位时期，货币供给的增幅更加稳定，从1,543
百万美元一直增加到1895年6月的4,477百万美元。我们必须注意到，
金本位时期的货币供给增幅大于绿钞时代，但降幅却小于绿钞时代。

因此，我们可以得出结论，在这一时期货币供给不仅没有下降，
反而从1867年的1,314百万美元增加到1896年的4,477百万美元，增幅达
340%，而同期沃伦-皮尔森批发价格指数下降了大约60%。所以，虽然
这一时期内的萧条阶段确实存在信用紧缩和暂时的货币供给下降，但
是价格通缩并不是由于货币供给缩水导致的。

5.1.3.3　货币质量与黄金需求量

除了美国的经济增长之外，有另外三个重要的原因致使金币的购
买力增加。第一，19世纪70年代出现了对黄金异常高的需求，当时包
括德国、西班牙、拉丁货币联盟(比利时、瑞士、法国、意大利)以及
斯堪的纳维亚国家采用的是金本位制。此外如前所提，美国为了回归
金本位制而购买了大量黄金[①]。

第二，世界范围内人口和产出增加。世界人口从1850年的12亿增加
到1900年的16.5亿。此外，特别是在欧洲，工业革命带来了巨大的经济
增长。古斯塔夫·卡塞尔(Gustav Cassel)估计，1865—1896年世界每年平
均产量增长为3%。[②]因此，世界对于新流通介质(黄金)的需求激增。

第三个导致1865—1879年价格下降的原因就是人们对货币质量
提升的预期。内战结束时，全国范围内人们普遍预期货币质量将会恢
复，长期来看还会继续提升。当人们预期货币质量增加时，持有现金

---

① 1892年奥地利紧随其后，1897年俄罗斯与日本也加入其中。

② 参见帕尔义(Palyi)(1972，第22页，fn 19)。

的需求增加，导致总体价格下降。①绿钞时代，经济行为人认为如果允许不可兑换的法定货币可兑换成黄金，那么这些纸币的质量将会提升。自从取消铸币支付伊始，美国承诺将会恢复这一制度。当人们预期这一承诺一定会实现，绿钞的预期质量就会上升。有了对货币质量提升的预期，人们对于绿钞价值的估值就会更高，持有需求从而增加。所以在恢复铸币支付之前，货币质量的提升是货币购买力增加的一个重要原因。

很难说那些想要转向金本位制国家的黄金需求增加导致价格下降了多少，货币质量的提升和世界经济增长的对价格下降的影响程度也不确定。然而，恢复铸币支付之后，人们对于货币质量提升的预期不再是一个重要因素。同样地，在19世纪80年代，许多工业国家转换成金本位制的影响不再像过去那样显著。因此，特别是在1879年之后，经济增长被看作是导致价格下降的最主要因素。下一个部分我们将来仔细探讨美国在这段时间内的增长。

5.1.4 增长及其原因

5.1.4.1 增长：产出增加

这一阶段的国民收入统计数据不全，只从1869年开始，且头20年只有平均数据。然而，经济增长的证据还是很清楚的。②平均国民生产总值(GNP)(以1958年价格计算)从1869—1878年的231亿美元开始增

---

① 关于货币质量，参见安德森([1917] 2000)和巴格斯(2009)。
② 参见美国商务部(1975)，系列F 1–5，第224页。

长，到1879—1888年几乎翻了一倍，达到424亿美元，也就是说实际GNP的平均年增长率为6.3%。实际GNP一直快速增长，到1892年达到了604亿美元。1893年金融恐慌之后，实际GNP在后一年下降到了559亿美元，1896年再次增加到613亿美元。在整个分析期内，GNP从1869—1878年的231亿美元增加到1896年的613亿美元。如果粗略估算1874年的GNP为231亿美元，那么这就意味着22年间实际GNP增长了265%，每年的增幅高达4.5%。然而我们对数据准确性仍然存疑，不过可以断定的是，当时经济增长不仅确实存在，力度甚至很强劲。

有人可能会认为，这样的经济增长只是由于人口增加导致的，人均产出并没有增加，这是错误的。人均收入从1869—1878年的531美元增加到了1879—1888年的774美元。人均增长直到分析期结束都在增长。1896年，年人均GNP为865美元。[①]

此外，还有其他的指标表明，实物产出在这一时期大幅增长。沃伦和皮尔森编制的一个基础生产指数也表明了这一点[②]，该指数从1866年的10.81增加到1895年的38.78，几乎增加了三倍。1874年至1879年出现了最大幅度的增长，从13.97增加到23.03。这表明在短短五年内，该指数就增长了64.8%。奇怪的是，美国国家经济研究局(NBER)的年鉴却说在1873—1878年经济处在衰退期，兰斯·戴维斯(Lance Davis)最近仍坚称，1873—1875年是衰退期(2006，第106页)。

还有更多的数据都显示，商品的实际产出在这一时段大幅增加。[③]比如，小麦粉的产量从1865年的4,250万桶，增加到1895年的

---

① 工资的购买力从1865年的32(1910–1914=100)增长到1896年的104。参见沃伦和皮尔森(1933，第197页)。

② 参见沃伦和皮尔森(1933，第44页)，表5。

③ 参见美国商务部(1875，第231-300页，第689-697页)。

9,360万桶。同期，精制糖的产量从7.33亿磅激增到39.61亿磅。1870—1895年间，发酵麦芽酒的产量从660万桶增加到3,360万桶。香烟产量从1870年的11.83亿支增加到1896年的40.99亿支。

总体来说，即使GNP数据、指数或者是制造商品的实际产出数据都不够精确，美国经济在1865至1896年间经历了大幅的增长，是确证无疑的。这样的国内经济增长是同期价格下降的主要原因。

5.1.4.2 经济增长的原因

引言

现在来考虑上文提到的经济增长背后的原因。首先必须指出的是美国的自由化制度。这样的制度背景下，企业没有受到干预，税率较低、监管较少，法律环境总体而言对企业也比较友好。下一节我们在对增长型通缩理论分析基础上，关注促进增长的创新、人口增加、劳动力与知识的分工以及资本积累。其中，劳动力与知识的分工很难用经济数据来证明。但是，人口增长已经考虑到了知识分工化程度的增加。此外，创新或者资本积累使劳动分工成为必然，或者同时意味着分工程度的深化。

创新

有一些证据能够让我们了解到1865—1896年创新与经济增长的关系。虽然创新的"量"不如"质"重要，但从量的角度看，专利发明数量仍从1865年战争时代的6,088项激增到两年后的12,277项，这样的增幅还是值得我们注意的，且直到1880年都一直保持这样的高水平。1880年，专利发明数量又一次增加，增幅大约为每年20,000项。[1]

---

[1] 参见美国商务部，1975，第96-106，第957-959页。

有一些发明值得我们特别关注，因为它们有重要的影响力。其中一个对农业产生重要影响的就是1878年发明的缠线式收割束合机，该发明将收割速度提高了80倍。[①]同样，其他一些农业上的发明也提高了产量。此外，铁路行业也出现了重要的创新发明，比如两厢车、冷藏车和特殊牲口车、自动耦合器、西屋的空气制动器以及钢轨等。[②]交通的进步扩张了市场，为规模经济创造了机会。贝塞麦(Bessemer)酸性转炉炼钢法大幅提升了钢铁生产的生产率。此外，麦凯(McKay)缝纫机作出了改进，通电电报机和新的蒸汽船也被发明出来。[③]

另外一个重要的创新形式就是行业集中度的上升，这可以更好地发挥规模经济的优势。行业集中度上升使资本存量以一种更高效的方式结合起来。[④]像钢铁行业的安德鲁·卡内基(Andrew Carnegie)、石油行业的约翰·D. 洛克菲勒(John D. Rockefeller)就是杰出的企业家代表，他们运用创新和商业头脑创立了高效的集中制企业。戴维斯(Davis)和诺斯(North)总结了这些创新的影响：

交通业的进步让密西西比东部地区成为许多商品的单一市场，至少把跨密西西比地区西部的一部分市场(包括明尼苏达、爱荷华，以及东堪萨斯和内布拉斯加)整合到现在一个几乎覆盖全国的市场。与此同时，一些重要行业取得了重大的技术突破，比如在钢铁行业，贝塞麦酸性转炉炼钢法被大范围地改进更新；在石油行业，新的先进的分

① 参见福克纳(Faulkner)(1924，第426-428页)。
② 参见希尔兹(1977，第241-242页)。
③ 参见劳克林(Laughlin)(1887，第336-338页)。
④ 关于工业集中度，参见戴维斯等(1965，第368页)。同样也可参见希尔兹(1977，第12页)。米塞斯的回报率法则(1998，第127-130页)暗示了规模经济的可能性。

馏方法得以应用；在碾磨业，匈牙利的技术被广泛运用于中西部北面的新磨坊中。所有这些都受到巨大的规模经济的影响。企业的平均体量也大幅增厚，新的工厂、磨坊被设计成为能够应用规模经济性的形式，为"全国性市场"服务和生产。(1971，第170-171页)

人口增长与知识分工

人类发展的某些节点，由于人脑的局限，人口增长成为知识分工的必需条件。知识分工程度增加的充分条件是专业化程度增加。人口增加也为专业化程度的增加提供了铺垫。1865—1896年，美国人口激增，见图5.6。[①]

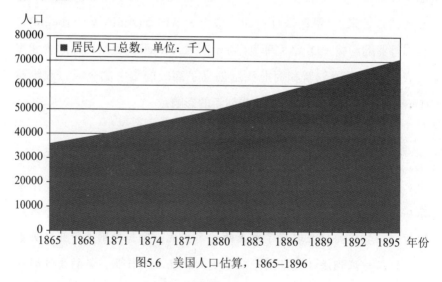

图5.6　美国人口估算，1865–1896

1865—1896年，人口每年都在增长。此外，人口增速也非常快，从1865年的3,570.1万增加到1896年的18.7亿。人口增长很大程度上是

----

① 参见美国商务部，1975，系列A 6–8，第8页。

因为"离开英格兰与欧洲，到达处女地的大范围跨国迁移……"(诺斯1961，第198页)

的确，人口大幅增长的一个主要原因即移民。1865年，移民总数达到了248,120人。1886年，移民人数达到884,203人，1896年移民人数为243,267。①整个分析期内，共有大约1300万移民进入美国。

巨量移民涌入的原因除了对政治自由的追求之外，可能还有这一阶段美国经济的高速增长。当一国的产出增加时，或者更具体一点，当一国的人均产出增加时，那么就有移入该国的动力。吸引到更多的人，就能带来更高的增长，因此经济增长成为一个自我实现的良性循环。同样，美国的生活水平高于其他国家，也成为吸引移民的一个原因。简言之，因为人们认为美国的生活水平更高且预期还将持续提高，所以选择移民。

人口激增导致商品和服务的产量增加，有更多的人投入生产。我们也必须强调，这些移民大多数处在适合工作的年龄段内，也就是15至40岁之间。②此外，人口增加也考虑到了劳动力分工的强化和延伸。劳动力或者知识分工程度的增加也会提高人口的效率。

因为贸易壁垒的取消和交通成本下降，不仅美国的知识分工程度增加，世界范围内的知识分工程度都增加了。伴随世界范围内的国际贸易活动大量增加，美国的国际贸易也相应增加。美国出口从1865年的2.61亿美元到1896年几乎增加了3倍达到10.48亿美元，进口从1865年

---

① 参见美国商务部，1975，系列C 89–119，第105-106页。当然，这些数字过于精确，不可能能数到每一个移民。

② 参见美国商务部，1975，系列C 138-142，第112页。关于劳动力的增长，参见美国商务部，1975，系列D 67–181，第189页。

的2.56亿美元增加到1896年的10.48亿美元。[1]

资本积累

1865—1896年是资本积累的重要时期。西蒙·库兹涅茨(Simon Kuznets)预估，按照1929年的价格计算，平均资本增量从1869—1888年的34.9亿美元增加到1889—1908的86.8亿美元(1961，第56页)。总资本存量从1869年的450亿美元增加到1890年的1,900亿美元(都是按照1929年价格计算)。[2]这意味着总的资本存量每十年大约增长60%。1900年之后，增长率下降[3]，资本形成净额占净国民产出的比例非常高。这意味着存款率会很高。1869至1898年，根据库兹涅茨的估计，资本形成净额大约占净国民产出的15%。之后的几十年中，这一比例不断下降，1946—1955这十年时间里最终降到了5.8%。[4]

1865至1896年间，最能展示资本积累特征的行业就是铁路行业。1869年，大西洋和太平洋海岸通过铁路相连。投入运营的铁路线长度从1865年的35,085英里增加到1890年的166,703英里[5]，修建的铁路总长也大幅增加。[6]资本在铁路行业的积累降低了交通成本，整合了市场，充分利用了规模经济。资本积累是价格下降的主要原因。

5.1.5 价格下降：一个解读

我们现在能够更好地解释1865—1896年的价格下降。但是首先

---

① 参见美国商务部，1975，系列U 1–25，第864-865页。
② 参见库兹涅茨(1961，第64页)。
③ 参见库兹涅茨(1961，第65页)。
④ 参见库兹涅茨(1961，第92页)。
⑤ 参见美国商务部，1975，系列Q 321–328，第731页。
⑥ 参见美国商务部，1975，系列Q 329，第732页。

让我们回顾一下传统的解释。这些给出解释的人士可以大体上分为三组。第一组包括弗里德曼和施瓦茨这样的货币主义者，他们没有得出清晰的结论，因为他们考量了两个相互矛盾的指标：价格下降(被货币主义者认为是一个负面效应)与经济增长。第二组更加倾向于凯恩斯主义的观点，他们将这一阶段看作经济的持续衰退期，并认为这最终引发了社会动荡。这一组也代表了当代一些人对这一时期的传统解释。第三组尽管承认金融体系的不稳定性和商业周期的存在，但是认为这一阶段伴随着经济的高速增长。这是一些当代人士所坚持的观点，也是奥地利学派对这些数据的看法。①

他们的观点通常相互矛盾，这是因为他们的理论框架不能解释经济现象。米尔顿·弗里德曼和安娜·施瓦茨就是这样的例子。②他们不得不承认，GDP数据增长与价格下降同时存在。这回击了经济学家中普遍存在的观点，即认为价格下降与经济增长是不可能同时存

---

① 因此，奥地利经济学家帕德里克·纽曼(Patrick Newman) (2012)认为，1873—1879年间不存在衰退。他坚称价格下降导致了对这一时期的误读。与奥地利学派一样，新制度主义者对这一时期的评价总体上是积极的。道格拉斯·诺斯称："在内战和'一战'之间，我们成为世界上最伟大的工业国家，同时也是世界上最佳的原材料和食品供应国……美国这一时期的工业发展也非常出色……"(1961，第195页)诺斯考虑的时期比我们研究的要长，他对这一时期的评价非常积极。所以，他几乎不可能说这一时期出现了"大萧条"。此外，诺斯提到了价格下降，并且不认为它们会导致紊乱。相反，他把价格下降看成是经济增长的结果："国际价格水平一直下降到1896年，反映了产出增长的速度比货币增长要快，但是在此之后，情况相反。"

② 迪基(Dickey)(1977)和希尔兹(1977)也对这一时期给出了积极的评价，他们属于第一组人。这些学者不是奥地利经济学家，更多的是传统货币主义者。另外在科波克(Coppock)(1961)题为"1873—1896大萧条背后的原因"，但是，他认为，这一时期只是增长率的趋势降低了(第216页)。有趣的是，弗里德曼和施瓦茨也指出，价格下降可能误导了经济学家，让他们高估了19世纪70年代衰退的严重性和时长："但是一些欠佳的实际度量更好地反映了经济规模的剧降，可能会让当代的观察家和之后的学者高估紧缩的严重程度，甚至紧缩的市场。"(1971，第87—88页)

在的观点。对于弗里德曼和施瓦茨来说，这一时期出现的现象是令人惊讶的，他们这样写道："这种现象让我们不得不怀疑现在普遍的观点，即认为长期的严重价格通缩与迅速的经济增长之间不可兼容。"(1971，第15页)弗里德曼和施瓦茨承认存在经济增长，对于这一时期的评价也没有其他学者那么负面。他们唯一的问题是，给出的解释没能真正符合他们的货币理论。

还有一些其他的学者持有更加负面的观点，这些学者属于第二组，虽然这些数据明确表明价格下降并没有抑制产出或者增长，但他们看上去持强烈反对态度。许多学者认为，19世纪70年代及之后出现了严重的经济衰退。这也成为经济史上最让人奇怪的谜题之一。比如，温斯坦(Weinstein)谈到了19世纪70年代的衰退(1970，第360页)。雷迪格斯·费尔斯(Rendigs Fels)同样也说："1873年恐慌之后的周期性紧缩是美国商业周期历史上最长的一段，一直持续到了1879年3月，总共维持了5年零5个月。"(1959，第107页)

上述评价让历史学家费尔斯感到疑惑，他发现上文提到的沃伦-皮尔森生产指数从1874年的13.97增加到了1879年的23.03！费尔斯还说，19世纪70年代的衰退在商业周期历史中非常"突出"(1959，第73页)。[①]他还在另外一项研究中谈及1873—1897年的"长期衰退"(1949，第69页)时，他发现其中证明这一衰退的最重要指标就是批发价格指数下降！很明显，他们错把价格下降当成了衰退的症状。亚瑟·阿吉斯坦(Asher Achistein)在这一点上也发表了评论，他称1873—1879年是美国历史上历时最长的紧缩，并把这段时间与1929—

---

① 同样可以参见费尔斯(1951，第325页)。

1933年的大萧条相提并论。①昂格尔(Unger)说，经济史学家"仍然对导致1873—1896年'大萧条'的原因争论不休"(1964，第338页，fn.71)。沃尔特·纽金特(Walter Nugent)这样谈到19世纪70年代："70年代，各地都经历着衰退，每个国家的情况不同，但也只是悲惨的程度差异而已。"(1967，第48页)

萨缪尔·雷兹内克(Samuel Rezneck)提到了1873—1878、1882—1886和1893—1897年所谓的严重衰退②，查尔斯·霍夫曼(Charles Hoffman)(1956)同样描述过19世纪90年代的衰退。雷兹内克的主要证据就是这一时期的社会动荡。此外，厄尔·汉密尔顿(Earl J. Hamilton)认为1873—1892年欧洲③和美国的价格下降是衰退的表现，他的主要论据也是社会动荡，下面是他关于这一时期写就的具有革命意义的一段话：

价格下降是因为货币供给不足、利润受限、企业低迷导致的。在大多数西方国家，这段时期内许多企业有超过一半的时间都状况糟糕，1873年开始的衰退是世界上最严重的衰退之一。亨利·乔治(Henry George)、爱德华·贝拉米(Edward Belamy)、亨利·德马雷斯

---

① 阿吉斯坦(1961，第166页，第170页)
② 参见雷兹内克(1950)，(1953)和(1956)。
③ 在英国，人们生活的时期被之后的学者看作是非常糟糕的一段时间，尽管"普通消费者看上去在'萧条'结束后比结束前要生活得更好"(塞尔金(Selgin)1997，第50页)。因此塞尔金(1997，第51-52页)称，英国1873—1896之间出现了衰退是一个伪命题，并且指出这一伪命题背后的四个原因，这些原因同样也适用于美国。第一，经济体中确实有一些部门出现了衰退，比如美国农业。第二，出现了周期性的繁荣和萧条。第三，存在一些错误的理论，即价格下降可能会妨碍生产，这些理论也存在于美国。第四，对受到负面影响的群体抱有同情心。在美国，这一群体就是农民。米松(Musson)(1959)也提到了这一伪命题。

特·劳埃德(Henry Demarest Lloyd)和卡尔·马克思写了大量的抗议文章；他们的一些作品还成为畅销书。美国当时有农民协进会、民粹主义和科克塞产业军(Coxey's Army)。英格兰也有著名的贸易和工业萧条皇家委员会，之前阿尔弗雷德·马歇尔(Alfred Marshall)很自豪地做了证实；在英国历史上，大萧条意味着长达半个世纪的时间，从1873—1897年。(1952，第345-346页)

毫无疑问，这一时期被贴上了社会动荡的标签。但是，因果关系可能并不是汉密尔顿提到的那样。实际上，是新的思想和新的哲学著作引发了社会动荡，而不是相反。

除了价格下降和社会动荡之外，另外一个关于1865—1896年之谜的非中立解释来自美国国家经济研究局(NBER)。NBER可能是最重要的商业周期研究机构，按照NBER的年鉴，这31年中有16年处于衰退期。①这是NBER历史上记录的最集中的一段衰退年份，确实让人印象深刻，但NBER的历史学家可能是被这一段时间持续出现的价格通缩误导了。

无论如何，之前提到的经济学家的判断都让人吃惊，特别是考虑到现实情况是即使1873—1897年价格持续下降、即使货币供给确实在一些年份下降、即使确实存在社会不稳定因素，但这一时期依然是经

---

① 参见戴维斯(Davis)(2006，第106页)。戴维斯批评了NBER的年鉴，他采用自己的数据集，包含43个制造业和采矿业的年数据，把1865—1896年的衰退年份数量减少到了七个，完全剔除了三个。戴维斯给出了令人信服的论据，指出这一时期价格持续下降让维拉德·索普(Willard Thorp) (1926)的商业年鉴(基于NBER数据，韦斯利·米契尔(Wesley Mitchell)(1927)也是基于此)高估了衰退期的长度和数量(戴维斯2006，第113页)。本文认为戴维斯的数据来于处在更高生产阶段的企业，比GDP数据更加充分，能够识别历史经济周期，因为周期性的活动在更高阶段的生产中更加明显。

济快速增长的时期。

奥地利学派则给出了完全不同的解释。数据显示，主要由于美国和世界其他地方的经济增长，这一时期确实存在价格通缩现象。但价格下降的另外一个原因是人们预期货币质量的提升，至少这在绿钞时代是一个重要的原因。预期货币质量提升，是因为人们认为美国非常有可能恢复铸币支付。此外，特别是在第一个子时段，许多工业国家从银本位制转向金本位制，增加了对黄金的需求，使得以黄金计价的价格下降。

当然，这一时期也并非完美。金融体系中存在一些严重的缺陷。部分准备金的银行体系通过扩张信用导致不良投资(比如铁路业的投资)的增加，引发了繁荣与萧条的持续过程。此外，这些部分准备金的银行体系缺少充当最后救命稻草的借款人，因此经历了一些金融恐慌。当然，这里面也包含着个人的悲剧。在这一时期的金融恐慌和衰退期内的倒闭潮中，社会运动和一些煽动势力越发强悍。

但是尽管不良投资浪费了一些资源，美国的经济增长仍然强劲，这是由劳动力分工程度深化、人口增加、存款与资本积累增加以及自由市场框架革新带来的。

我们还要强调，价格下降并没有抑制商业活动或者生产，这一点可以通过GNP数据的增长看出来。回头来看，价格下降、货币供给在一些时间内的下降以及社会不稳定被一些经济历史学家看成衰退的证据，而不是把价格下降看成经济增长与繁荣的结果。因此，罗斯巴德说：

我们必须指出，19世纪70年代的"大萧条"是一个很大的谜

团——这一谜团是由于对价格在整个时期[1865-1879]内下降的误读导致的。(2002,第154-155页)

没错,价格下降没有带来衰退。事实是,在衰退期银行信用紧缩对价格产生了很大的下行压力。总体来说,产量增加是价格下降的一个原因。产出的增加比货币储备的增加以及价格的下降更为强劲。当代一些没有被价格通缩蒙蔽双眼的经济学家也对那段时间的经济增长作出这样的观察。比如当代经济学家大卫·埃姆斯·威尔斯(David Ames Wells)就指出是经济增长导致了价格的下降,他在1891年写道:

……如果价格下降背后有着一个自然且持久的动因,那就是人类生产和分配能力的提升,这代表人们创造了更丰富的物品。对于同一种商品,为大众生产更多数量供他们消费和享受,这才是人类最大的福祉。(1891,第250页)

复本位制的论者称企业总是在负债状态下,因此通缩给生产带来了负担。当时一位经济学家弗兰克·陶西格(Frank W. Taussig)对美国的经历给出了下面的观察,以此来回应上述观点:

繁荣、活力以及总体的工业进步非常显著,任何认为工业受到限制的论点只有在一些衰退或者增长放缓的时候才能成立。(1892,第89-90页)

陶西格还指出,价格水平下降并不必然带来商业低迷:

如果货币变得稀有、货币价值上升而其他价格下降，每一位生产者的货币收入一定会比之前少，货币资本也会比原来少。但是他还是能够买跟过去一样多的商品和劳动力，实际上是和过去一样富裕的。(1892，第87页)

总而言之，1865—1896年的价格通缩主要是由经济大幅增长以及一些工业国家转换成金本位制带来的，而1879年之前货币质量的提升也是原因之一。所谓的大萧条是不存在的。

5.1.6 价格下降：政治斗争

5.1.6.1 社会不稳定

正如我们看到的那样，1865—1896年期间美国经历着高速的经济增长[①]，但是这一时期也存在社会动荡。乍一看，社会动荡似乎是由价格下降引发的，许多个人和团体抗议价格下降。罗格·希尔兹(Roger E. Shields)这样形容：

1873—1896年的美国充满了劳工争吵、政治煽动和社会动荡，打上了"绿钞党"(绿钞支持者)、民粹主义者和激进的劳工骑士团的烙印。尽管这些组织都有各自不同的抱怨和诉求，但是他们共同的抱怨

---

① 参见库兹涅茨(1961，第72页)。根据罗斯巴德(2002，第64页)，人均收入(以1958年美元计)的十年平均值从1869—1878年的531美元增长到1889—1898的795美元，增幅高达50%！

是价格下降带来了经济困难，共同的要求是增加货币供给来扭转价格下降的趋势，这些共同点形成了他们之间的利益纽带。(1977，第1页)

弗里德曼和施瓦茨也发现一个"缓慢但是稳步下降的产品价格趋势，拖长并加剧了政治不满，这种不满最初来自内战之后的价格大幅下降"(1971，第8页)。那么在产出增加和人均收入快速增长的时期，理论上如何解释社会动荡的出现呢？

正如在4.1.1和4.1.2.1节中提到的，个体抗议价格下降有诸多原因。财富分配会对债务人不利，因此债务人可能成为价格下降时期社会动荡的来源之一。

这一时期另外一个导致债务人不满的因素是利率下降[1]使现有债务的现值增加。如果债务人想要提前偿债或者回购债务，他们就必须支付更高的价格。反之债权人可以以更高价格出售债务。

本文在4.3.3节中也指出，通缩中利益受损的那一方通常组织良好。在美国增长型通缩时期，也就是1865—1896年，像负债的农民、企业等团体都可能因为价格下降而遭受巨大的损失，而这些团体通常拥有更大的政治势力。特别是农民，他们形成了强大的团体组织，非团体成员也可受荫于他们提供服务[2]，因此农民协进会(Grange)实际上是一个社会和教育组织。同样，企业利益也可以通过有着强烈共同利益的小团体组织起来。价格下降，如果企业的损失确实巨大，是因为这些企业的负债很高。

---

① 参见西格尔(Siegel)(1998，第8页)。
② 奥尔森(1971，第132页)解释说，大型集团如果提供"副产品"服务，并且不让非成员享受，搭便车问题就可以得到解决。

债务人的利益受到了损害，所以他们对恢复价格水平的诉求在当时已经被意识到了。戴维斯·埃姆斯·威尔斯(Davis Ames Wells)在1891年这样描述这一段时期内的价格下降：

最近经济转变最显著的一个特点可能就是大多数商品的价格大幅下降；而物质利益的诉求存在了一段时间，因为商品价格下降，债务人要偿付的债务与以前不同，这些物质利益受到了损害，人们普遍认为这样的结果是灾难性的。因此，近年来出现了多种主张和策略，吸引了所有文明国度大众的注意力，实际上他们的目标不仅是要阻止价格下降，更想要把价格恢复到之前的水平。(1891，第447页)

下一节我们将会仔细检视反对价格下降的运动，即绿钞支持与白银支持。我们还会看一下这些群体的支持动机，因为社会不满最初来自于矿工、企业和农民，所以我们会分开讨论这些团体。同样我们也会考虑反对价格下降的经济理由及其与这些利益团体之间的关系。这会让我们明白为什么有人会认为价格快速下降与经济增长是不兼容的。[1]

5.1.6.2 绿钞支持者

1865-1878年间存在对于"绿钞及其在价格下降中所扮演角色的政治争议"(弗里德曼和施瓦茨1971，第24-25页)。一些团体要求立刻恢

---

[1] 弗里德曼和施瓦茨称"现在一个非常普遍的观点认为，长期价格通缩和快速经济增长是不兼容的"(1971，第15页)，并特别强调了"现在"，这表明这个观点并不是一直都这么流行的。

复铸币支付，这些团体包括进口商、东部的银行家和一些制造商，特别是纺织商，他们需要稳定的货币。[1]另一方面，一些团体支持绿钞，反对恢复铸币支付，比如农民和一些企业集团。弗里德曼和施瓦茨指出，"许多企业集团在战争[内战]中和战争结束后支持不可兑换的货币，且在战争结束后，越来越多的农民也加入其中，这是因为农产品价格下降了。"(1971，第7页)之后他们又说：

为了抵消通缩带来的负面影响，货币扩张得到了巨大的支持。甚至有一些组成更加混杂的农业团体，最初是货币紧缩的强有力的支持者，后来却支持货币扩张。支持者还包括劳工团体发言人、西部商人和银行、宾夕法尼亚州铁器制造商和在西部房地产和交通市场有商业利益的商人等。(第45-46页)

罗斯巴德支持弗里德曼和施瓦茨的观点，他认为一些实业家也支持这一运动："一些势力强大的实业家要求继续使用绿钞，反对恢复铸币支付以及任何为恢复铸币支付所进行的货币紧缩，领头者就是宾夕法尼亚州的钢铁制造商。"(2002，第147页)

不难找到这些团体反对恢复铸币支付的原因，他们是为了防止价格下降，因为价格下降意味着不同团体之间的财富要重新分配，并且将会有利于其他团体。所以，弗里德曼和施瓦茨在上面引用中提到的这些团体的立场就得到了解释。许多农民和实业家负债极高[2]，随着价格下降，他们的实际债务负担会更重。如果农产品价格相对其他产

---

[1] 参见弗里德曼和施瓦茨(1971，第45页)。
[2] 陶西格1892，第90页称，长期债务负担对农民和铁路商的伤害最大。

品价格没有下降，农民的债务负担不会加重，西部的房地产市场对于潜在购买者农民来说更有吸引力。铁路业的负债尤其高，铁器制造商则是他们最重要的客户。当1873恐慌暴露了许多企业和铁路存在过度扩张，情况就更加糟糕了。[1]铁路产业的发起企业受到的损害最严重，1873年11月八分之一的国家铁路债务违约。[2]资源跨期分配不当变得更加明显。同样负债的钢铁行业也受到了重创，而且它们还得大量投资于新技术，费资巨量。[3]

许多商人和银行家也不出意料地反对价格下降，支持持续发行绿钞。欧文·昂格尔(Irwin Unger)说："鞋子和靴子制造商，甚至商人和银行家，一起在1866年之后攻击《紧缩法案》，并且这些年在国会中占有举足轻重的地位。"(1964，第44页)

铁路业投机者乔治·弗朗西斯·特雷恩(George Francis Train)要求大量发行绿钞："如果按照我们的要求给我们绿钞，我们就会建造城市、种植玉米、开采煤矿、控制铁路、新船下水、种植棉花、建立工厂、开采金矿和银矿……如果答应我的要求，天空将充满阳光。"[4]

另外一位参与人寿保险、林地、铁路、煤炭、铁矿投资的是杰·库克(Jay Cook)。他支持扩张，认为不断发展的西部需要更多的钱来建设铁路，改进农场。[5]1874年铁路泡沫破裂之后，另一名铁路投机者理查德·谢尔(Richard Schell)呼吁大量增加货币供应和一个原始凯

---

① 关于1873年恐慌，参见杜威(1907，第370-372页)。费尔斯(1959)称，铁路业高估了他们可以使用的资本。

② 参见昂格尔(1964，第49页)。

③ 参见昂格尔(1964，第49页)。

④ 昂格尔(1964，第46页)引用《辛辛那提问讯报》(Cincinnati Enquirer)，1867年8月17日。

⑤ 参见昂格尔(1964，第46-47页)。

恩斯主义的政府支出项目。[1]

政治和商业之间存在着间接和直接的关系。因为企业的政治力量，许多政治家对于商人的抱怨持开放态度。比如，共和党多数党领袖乔治·鲍特韦尔(George S. Boutwell)和奥利弗·莫顿(Oliver P.Morton)与工业界有着密切的联系。[2]通常政治与经济利益之间的关系更加直接。比如，棉花巨头威廉·斯普拉格(William Sprague)就是参议员。俄亥俄州民主党首领小托马斯·尤因(Thomas Ewing Jr.)的家人在铁路、煤炭和铁矿有产权。[3]

所有这些提到的利益集团都要求额外的信用，并增加信用发行。[4]他们中的许多人都加入了1873年金融恐慌后形成的"绿钞党"。扩张的银行体系引发的兴衰周期让社会不满最终爆发出来。带来这种不满情绪的不是价格下降，而是衰退时期的倒闭和衰退。在这种不满情绪中，绿钞党诞生了。绿钞党有几个目标，能够帮助支持该党的利益集团。其一就是阻止价格进一步下降以支持企业并解决农民的问题。[5]要想达成这一愿望，其中一个要素就是阻止恢复铸币支付，增加货币供给。另外一个目标就是降低债务负担。

不出意料，绿钞党是由一群农民创建的。[6]农民们在内战中的收

---

① 参见昂格尔(1964，第47页)。

② 参见昂格尔(1964，第45页)。

③ 参见昂格尔(1962，第59-62页)。我们还必须指出，不是所有的商人都反对恢复货币支付(昂格尔1962，第69页)。纺织品出口商支持恢复货币支付，但是铁器制造商和在西部有投资的商人都持反对态度。

④ 参见弗里德曼和施瓦茨(1971，第47页)。也可以参见昂格尔(1964，第222页)，他指出铁器制造商和铁路企业要求通胀。

⑤ 1873年恐慌之后，抵押品通常不会更新。参见夏农(Shannon)(1957，第55页)。

⑥ 关于19世纪70年代农民支持绿钞运动的情况，参见夏农(1957，第57页)。

入是政府以绿钞形式给付的，绿钞时代他们一直处在负债状态中。他们认为，用黄金来偿付美元债务是不公平的，因为他们过去的收入是绿钞，因此他们反对恢复铸币支付。他们的口号之一就反映了这种诉求："债券持有者和农具持有者应当使用同样的货币。"[①]

同样，货币不足可能会损害企业利益，这也是绿钞党的论点。绿钞党的代表人物乔治·琼斯(George O. Jones)之后在平民党的支持下独自参加竞选，他在一本名叫《要更多的钱，更少的不幸！》的小册子里写道：

共和党执政的23年间积累了成堆的债务，创造并且持续经营着银行、债券、铁路、土地和其他的垄断行业，不断消耗国库，但是却没有能给美国公民带来足够的钱进行商业交易，直到欧洲的资本开始决定着美国每一磅农产品的生产、美国劳工每一小时的价值。共和党要为1873年之前货币紧缩引起的大范围倒闭负责，是他们把粮食、制造业产品和日薪拉低到现在的水平，导致美国的农民、机械工人、制造商和商人可能面临的毁灭和强制失业。(1884，第4页)

琼斯提到的欧洲资本代表着不同的利益。欧洲资本支持金本位制，因为如果绿钞数量增加或者美国转变成为银本位制，美元就会贬值，欧洲在美投资的价值就会下降。

1880年，铸币支付恢复，绿钞党推出了一个新的运动，他们要求政府采用法定纸币，并取消对铸造银币的限制。这就让我们看到了第

---

① 参见夏农(1957，第59页)。

二个反对价格下降的重要政治势力：白银支持者。

5.1.6.3　白银支持者

与绿钞问题一样，1875年及之后出现了白银问题。白银支持者希望白银能够在美国货币系统里扮演更加重要的角色。[1]1873年《铸币法》停止了白银流通，同时因为美国西部开采了新的银矿，世界白银价格下降，而一些欧洲国家(德国、法国和拉丁联盟)从复本位制或银本位制转换成金本位制，也给银价带来了压力。[2]当然，如果没有法律规定白银停止流通，白银制造商和对通胀感兴趣的人可能境况会好一些。他们希望再次让白银成为货币。复本位制下16比1的比率和在这一比率下自由铸币的政策会使白银被高估、黄金被低估。然后黄金就会退出流通，被贮藏起来或流出国外。另一方面，白银会瞬间就进入流通领域。对于白银的货币需求会增加，给银矿带来巨额的利润。此外，世界上的白银都会流入美国。

当白银的增速大于黄金，并且大量流入美国，白银重新成为通货将会导致价格下降速度趋缓，甚至扭转价格下降的局面。[3]

因此，货币法制定了16比1的白银黄金兑换比率，并废除了白银的货币功能，导致了1865—1896年法定货币的通缩。而如果没有这些货币政策，价格将不会降得这么低。1874年之前的时间段里，白银并

---

[1] 休·罗考夫(Hugh Rockoff)(1990)认为，童话书《绿野仙踪》是一本关于自由白银运动的货币寓言。

[2] 关于白银价格的下降，参见拉弗林(Laughlin) (1968，第109-206页)。银产量与金产量之比从1861—1865年的6.0增加到1861—1865的12.5，后者就是白银去货币化时期。这一比率一直增长到1890年的顶峰，达到23.4。参见沃伦和皮尔森(1933，第145页)，表26。

[3] 参见弗里德曼(1990，第1174-1175页)对自由银币铸币制度下对价格的假设估计。

不是交换媒介。但是如果没有货币法规定的复本位制迫使被低估的白银退出流通，那么白银很可能就会成为通货。规定了复本位，减少了法定货币交换媒介或货币总量，故货币价格降得更低。1873—1874年白银是实际上的法定通货。但规定的超过5美元的部分失去了法定货币的地位，在与流通中的黄金竞争法定货币地位的过程中，白银遇到的困难更大。为了防止白银用作交换媒介，政府主导下的白银地位比自由货币市场上的要低，自由货币市场上，黄金与白银会同时使用。我们面临的情况是法定的货币通缩。

当然，一些人意识到了这一点，如果没有法定的货币通缩，而是保留过去复本位制下的黄金白银法定比率，价格会升高。那些反对价格下降的人对白银去货币化非常愤怒。因而，绿钞时期，银矿工人与其他反对价格下降的利益团体联合起来，共同要求自由铸币，这些团体包括农民和负债极高的商人。这样一来，总共便有三大支持白银的团体[1]：南部和西部负债的土地改革提倡者[2]、可在通胀中获益的负债过高的实业家，以及希望政府能够保证他们的产品有市场的西部银矿工人。这些能够通过生产货币原材料而直接获益的团体，与通过价格升高间接获益的团体形成了支持白银货币化的天然联盟。[3]大多数对白银的支持来自"政治家、政论员、商人以及中西部城市的选民"。[4]

---

① 参见温斯坦(1970，第6页)。夏农说："负债的农民很快就和银矿矿主站到了同一战线上。"(1957，第59页)关于不同利益集团对自由铸造银币制度的不同观点，参见罗伯特·霍克西(Robert F. Hoxie)："(1)缺少信心和商业进取心；(2)价格范围在低位运行；(3)负债增加；(4)伟大的采银业经历了萧条。"(1893，第546页)

② 参见夏农(1945，第314页)。关于中西部和南部的负债农民与绿钞党联盟，也可参见弗里德曼和施瓦茨(1971，第48页，第115页)。

③ 关于这一联盟，参见杜威(1907，第406页)。

④ 参见温斯坦(1970，第293页)。温斯坦还说，南部只是提供被动支持。

一些实业家、房地产经纪人以及铁路、铁矿和煤矿投资商也支持白银重新进入流通。在一些商人看来，白银失去法定货币地位是1873年之后生意萧条的原因，因此他们支持旧比率下的金银复本位制。①所以，对于1873年衰退的不满不仅产生了绿钞党②，还带来了白银运动。商业周期进入萧条期，许多企业清盘、倒闭，更是加剧了这种不满情绪。

降低债务负担是白银支持者和绿钞支持者的主要动力。在争论中，中西部企业集团同样支持白银，因为他们也想降低债务负担。③威廉·阿里森(William B. Allison)参议员在1878年2月参议院的一次辩论中对法定复本位制提出支持，他说道：

支持这一制度的人并不是要违反任何的承诺，更不会损害公众信用，而是通过提高我们偿付繁重公共债务的能力，来建立更加持久的基础。④

商人乔治·韦斯顿(George M. Weston)1882年创立了一家食品公司，他认为白银去货币化是为了让债权人得益而欺骗美国人民。⑤

还有一些伪经济学观点以复本位制的名义支持按照旧的黄金白银比自由铸币。第一位复本位支持者是参议员约翰·帕西瓦尔·琼斯(John Percival Jones)，⑥他自己就有银矿和农场的份额。他说，如果白

---

① 参见昂格尔(1964，第335页)。
② 参见温斯坦(1970，第125页)。
③ 参见温斯坦(1970，第128页)。
④ 温斯坦(1970，第302页)引用Cong.Record，45th Cong.2D，参见vol.7，pt.2，第1页，061，1878年2月15日。
⑤ 参见昂格尔(1964，第330页)。
⑥ 关于约翰·帕西瓦尔·琼斯，参见温斯坦(1970，第53-81页)。

银重新货币化，那么将极大推动经济：

价格[将会]上升；贸易和商业得到推动；新的企业涌现；农产品、制造品和采矿活动增加；商业和工业阶层有许多工作，还能挣大钱；倒闭和自杀几乎不会发生；结婚率上升；更多的新生儿可以活下来；人口增长更快；教育、智力和道德以及宗教忠诚度都会得到提升；人类幸福感大大增强。[①]

琼斯参议员实际上是把通缩看成当时许多乃至全部经济问题的罪魁祸首。他甚至认为通胀能够解决所有的教育、道德和宗教问题。

5.1.6.4　黄金支持者

然而，另外一边却坚定地支持着白银去货币化，反对白银重新成为通货。若主要工业国家失去了货币标准，将把谁置于危险的境地之中？美国将会出口黄金，并保持银本位制，而其他地方会开始采用金本位制。这样美国在货币上就会被孤立，黄金也会流入其他国家。

我们不知道银行家是否意识到了白银去货币化的好处，比如会扩张银行体系的信贷能力。但是一些迫切要求白银去货币化的人士确实与银行体系有关联。白银支持者在宣传文献里指出，白银去货币化是富豪集团的阴谋。[②]1873年《铸币法》是为了回应林德曼(H.R.Linderman)与约翰·杰·诺克斯(John Jay Knox)在1870年写的一篇文章，该文章建议废除银币铸造。诺克斯从1849年开始就在银行体系

---

① 温斯坦(1970，第99页)引用琼斯有关恢复铸币支付和双重本位制的内容，第92-93页。
② 参见弗里德曼和施瓦茨(1971，第115页)，脚注40。

中工作，1872年成为纽约共和国民银行的主席。诺克斯与林德曼得到了财政部长乔治·鲍特韦尔(George Boutwell)(弗里德曼1990，第1166页)和金融委员会主席谢尔曼参议员(罗斯巴德 2002，第157页)的支持。谢尔曼也与银行业相关，他的弟弟霍伊特·谢尔曼(Hoyt Sherman)是一位成功的银行家。

那么，为什么白银去货币化对银行家有利呢？有三个原因。第一，价格通缩让人们更有动力去接受信用媒介。[①]为了保持预期收入流，企业家更倾向于接受信用媒介，比如银行票据。货币使用可能会降低，这将提高信用扩张的利润潜力。第二，白银去货币化之后，银行家可以达成另外一个重要的目标，即直接增加公众对信用媒介的使用。白银本是用于小额支付的。[②]由于白银相对于黄金来说，单位价值较低，故通常被用作少量物品购买时的支付手段，如果白银退出流通，少量购买时的支付媒介就会出现真空。在日常的交易中，像辅币和银行票据这样的货币替代品便会取代白银进入流通[③]，所以每个人都必须有银行账户，企业也必须求助于银行。当然，银行家很愿意满足这样的需求，他们通过发行银行票据和帮助企业开立银行账户来填补白银退出流通产生的真空。银行票据逐渐普遍，也被更广泛地接纳。人们越来越多地使用银行体系来支付，更多地使用银行票据，导致了货币大量流入银行，银行则借此发行更多的信用媒介。

第三，银行家代表了部分外国投资者的利益，这些人担心美国

[①] 关于这一点，参见许尔斯曼(2004，第40页)。

[②] 费克特(Fekete)认为，金币在自由市场中胜出，让白银退出市场。冶金术的进步也让铸造小型金币成为可能(1996，第12-13页)。事实上，白银去货币化和技术进步这两个原因一起带来了黄金的胜利。

[③] 参见许尔斯曼(2004，第38-39页)。

一旦在事实上恢复银本位制，他们在美的投资就会贬值。随着新银矿的开采，以及国际上采用金本位制的倾向，银价相对于金价可能会下降，这将使得黄金退出流通。如果白银没有去货币化，它将成为唯一的流通货币。由于主要的工业国家都转成了金本位制，这些地方的白银将会流入美国。在美国，这些白银将以法定比率兑换成黄金，用来购买外国的黄金。所以由于白银进口和新银矿的开采，美国货币相对于金币就会贬值，外国投资者会损失部分投资。银行家很大程度上代表了外国投资者，因而反对美元投资贬值。

除了银行家之外，进口商同样也反对国际上对美国货币的孤立。如果美国使用银币，而其他国家都转向使用金本位制，将会加大外汇风险。

5.1.6.5　平民党

19世纪80年代，在选举失败之后，绿钞党退出了历史舞台，新的农民利益团体"联合会"出现，加入了白银支持者的队伍。西北联合会和南部联合会的一小部分最终形成了一个称作农民党的组织，即人民党或平民党。平民党的主要支持者是农民。1891年之后，许多农民由于无力偿债，引发了西部又一波城市和农场抵押品没收潮。[1]于是，西部许多农民将他们的未来寄托在白银的再货币化上。平民党的利益诉求声势渐盛，同时，人为扩张信用引发的衰退又起到了推波助澜的作用。1893年恐慌之后和1895年，平民党越来越得民心。平民党的高层领导人同样也是白银支持者的代表人。[2]平民党鼓动减轻农民债务

---

① 参见杜威(1907，第460页)。
② 参见古德温(1978，第239页)。

负担，允许以16比1的比率无限制自由地铸造银币。[1]他们认为降低价格就是不公平地将人民的财富分给抵押品持有者，也就是那些东部的人。[2]平民党指出价格下降是罪魁祸首，并提出两点建议：(1)允许自由铸造银币，(2)引入法定纸币。[3]因为这些主张，平民党吸引到了一些团体。麦克·卡津(Michael Kazin)描述了平民党希望吸引白银支持者、工人和农民的一些机会主义政策：

> 对负债的农民，他们承诺增加货币供给，禁止外人拥有土地，要求国家铁路业。对工薪阶层，他们承诺减少工作时间，废除阻挠罢工的平克顿公司，宣布"农村与城市劳动力的利益同等重要"。货币改革者和西部矿区的居民则要求无限制地铸造银币和金币。(1998，第38页)

5.1.6.6　为什么农民不满、社会动荡

让我们回到19世纪下半叶的美国，看看当时农民的状况，许多被看作衰退论据的社会动荡都是由于农民对经济状况不满而引发的。[4]当时农民的地位确实比较低，而政府政策便是导致这种情况出现的部分原因。比如，政府根据铁路长度，将铁路沿线的土地赠予铁路公司，以此为其提供补贴。这让一些铁路企业有时故意将铁路建造成折线形

---

① 一枚银元含371.25格令的纯银。参见弗里德曼和施瓦茨(1971，第113页)。

② 参见弗里德曼和施瓦茨(1971，第116页)。福克纳谈到了农民："他强烈地认为东部的资本是建立在自己的不幸之上。"(1924，第424页)同样，夏农说，东部的投资者不断提供抵押贷款 (1945，第306页)。还可参见古德温，他说债券持有人和东部的金融团体基本上是一样人的 (1978，第11页)。

③ 此外，平民党人还要求停止国民银行体系。参见纽金特(1968，第106页)。

④ 参见希尔兹(1977，第201页)。

状，目的就是获得大量补贴。[1]土地之外，铁路业还有其他形式的补贴，比如减免铁路关税或直接的财务援助。补贴给铁路业的土地数量众多，面积高达24.2万平方英里，比德国或法国的国土面积都要大[2]，这对农民非常不利。如果没有赠地的政策，农民就能正常地把这些土地变成自己的田产，但是在赠地政策下，农民必须从铁路公司那里买地，且只能用自己的土地做抵押借钱。许多农民因为从铁路公司那里购买土地，被迫进行借贷。那些希望把土地变成自己田产的农民就必须搬到离主要交通运输线很远的地方。[3]

另外一项部分导致农民地位低下的政府政策是内战。由于内战让许多农民无家可归，农产品价格通胀，吸引人们投身农业。农民认为内战期间的价格水平将是个长期价格，因此不惜借钱来投资产能。[4]哈罗德·福克纳(Harold U. Faulkner)说：

《宅地法》鼓励了退役军人、商人、机械工去拿地；但在这些情况下，资本通常不足，土地也被用去抵押换取必需的工具。所有一切都很顺利，直到战时的高价再无法维持(1924，第24页)。

纸币通胀期间，食物价格都是战时价格，农民过度扩张农场，买进新的机器，将大量的稀缺资源不当地投资在虚假的繁荣中。这就意味着，给农民带来困难的并不是价格下降本身，而是投资不当。过度扩张农场的不当投资所引致的清盘，与价格水平无关。买卖价差衡量

---

① 参见佛森(Folsom)(2003，第18页)。
② 参见福克纳(1924，第456页)。
③ 参见夏农(1945，第173页)。
④ 参见夏农(1957，第48页)。

了扩张投资是否有益，但它与总体的"价格水平"无关。价格下降只是加快了清盘的过程而已。

由于农产品价格和农民收益的下降，西部新农民的债务负担增加了。这当然会引起农民的不满。1873年之后，经济进入低谷，农民协进会不断发展，不满情绪变得特别强烈；1884年之后，协进会处在鼎盛发展时期，19世纪90年代，平民党获得成功。农民的诉求与银行、保险公司和土地抵押协会是相悖的。他们把东部金融组织看作是自己的"敌人"。

的确，抵押公司主要来自东部，那里有上千家私人贷款公司，他们集资来提供抵押贷款。①相比不断借钱的农民来说，这些人能够更好地预期到价格的下降。因此，一些情况下，农场所有权从破产农民手里转移到了私人贷款公司。②此外，农民从城市借钱，令他们的金融独立性越来越差，加重了他们的不满情绪。③白银去货币化是损害农民利益的又一政府政策。因为如果白银仍在流通，价格不会下降这么多，实际债务负担也不会增加这么大。而政府却改变了债务合约的货币与制度基础。从这个角度上来说，许多农民的不满情绪意味着他们要承担新的债务负担。

如前所提，债务人对于不期而至的通缩非常不满，这也是可以预见到的。19世纪下半叶，美国农民不满情绪加重，因为许多农民都债务缠身，特别是在内战之后，没钱的退役军人都到西部碰运气。南部

---

① 参见夏农(1945，第189页)。关于农民债务问题和东部的抵押贷款公司，也可以参见利特(Ritter)(1997，第196-198页)。

② 参见夏农(1945，第189页)。

③ 参见艾略特(Elliot)(1890，第36-52页)。

农民的状况也没有比西部负债农民好到哪里去，这是因为棉花价格也在下降。东北部的农民日子也不好过。因此农民抛下农场，去往城市谋生。[1]

但是价格下降并非当时导致农民不满的唯一原因，把价格通缩作为社会动荡的唯一理由是不准确的。比如，农民协进会是一个农民的社会和教育组织，他们抱怨穷困的生活和昂贵的铁路运费[2]，并认为中间商拿走了大量的利润、投机者会从贸易中得到大量的不公平收益。[3]农民动乱的其他原因，是许多有才干的年轻男女离开农村、前往城市。[4]19世纪80年代后期西部发生了干旱，戴维斯和诺斯断定农民的经济状况是这次干旱灾害发生的部分原因(1971，第123页)。此外，农民的政治权利也在削弱，工人比农民越来越多。[5]肯德里克(Kendrick)估计，农业生产人口所占的百分比从1869年的48.3%下降到1899年的36.9%。[6]

夏农总结了农民的状况和困难：

> 庄稼和牲口的价格低，购买必需品的成本又很高，而农民非常缺钱，信用紧缩、利率极高、交通成本高，农产品交易所、谷物升降机运营商和屠宰加工厂等中间商的剥削，这些都让农业的商业价值的变

---

① 参见福克纳(1924，第424页)。

② 参见斯托克(Stock)(1996，第65页)。曼库尔·奥尔森的集体理论表明，当教育这样的服务可以被非成员享受时，更容易形成组织。因此，即使大型团体也可以组织起来，并且帮助利益集团游说，作为一项附加的"副产品"服务。参见奥尔森(1971，第132页)。

③ 参见福克纳(1924，第424页)和夏农(1957，第51-52页)。

④ 参见昂格尔(1964，第201-202页)。

⑤ 参见艾略特(1890，第175-186页)。夏农(1945，第349页)认为，工业结构的变化威胁到了农业曾经的霸主地位。

⑥ 参见美国商务部，1975，系列F 250-261，第240页。

数极大，农民的生活无法保障。[①]

但是，农民动乱背后还有更重要的理由。农民觉得，美国的工业化使他们的重要性不断下降。这一时期，农业活动对整个生产系统的重要性也在下降，这是美国经济结构调整的结果。国内非农私人生产总值(以1929年价格计算)激增，平均值从1869—1878年的69亿美元增长到1892—1896的217亿美元，增幅高达219%。国内农业私人生产总值从41亿美元增加到68亿美元，增幅仅66%[②]，也就是说非农的产值增速是农业产值的三倍多。农民的财富相对于其他团体来说下降了，而城市却越来越富裕。国民收入中来自农业的部分从1869—1878年的20.5%下降到1889—1898年的17.1%。[③]这些估计表明，农业带来的国民收入占比从1869年的22.2%下降到了1889年的14.2%[④]，经济差距不断增大。[⑤]但在绝对数量上看，农民也许并没有损失，农业生产率、耕地、农场数量和农业总产值都在上升[⑥]，变差的只是相对情况。爱德华·贝米斯(Edward W. Bemis)说：

---

① 夏农(1957，第50页)；夏农的观点必须在一点上符合要求，即农民的必需品价格下降。实际上，美国商务部(1975)，系列E 52–63，第201页表明，农产品价格下降得不如其他商品价格下降得快。关于这一点，也可以参见贝米斯(Bemis)(1893，第208页)。

② 美国商务部，1975，系列F 125–129，第232页。

③ 美国商务部，1975，系列F 216–225，第238页。艾默里克(Emerick)写到，农村财富从1860年的49%下降到1890年的25%，而城市财富在同期从51%增加到75% (1896，第493页)。

④ 美国商务部，1975，系列F 250–261，第240页。

⑤ 参见昂格尔(1964，第202页)。夏农称，农民觉得"自己与其他经济团体不能平起平坐。"(1957，第49页)。

⑥ 参见 罗斯巴德(2002，第166页)。希尔兹也说："农业的实际收入在价格下降和农民动乱的这些年中增长相对较快，但是没有整个经济体的增速快。"(1977，第219页)关于农民的绝对财富值增加，参见艾默里克(1897，第109页)。

农民和工薪阶层抱怨最严重的就是他们分得的国民收入比例在下降，而不是绝对值。城市的发展比农村快。资本家、垄断者、投机商和大实业家的收入增长也比农民或者工薪阶层快(1893，第193页)。

这种相对损失同样也是由农民背负相对更加高的负债引起的，社会动乱便由此产生。

5.1.7　利益集团与经济"理论"

很不幸，施压团体的游说对经济理论有负面的影响。那些因为财富大量重新分配而不满的人通常会鼓吹一些反对通缩的理论，特别是在通缩衰退或者整个通缩期内更是如此。因此，美国1865—1896年的经历刺激了一些经济理论的产生，这些理论认为当时出现的增长型通缩是有问题的。①利益集团得到了经济学家的支持，后者为反对价格下降提供了理论支持。

比如，当时非常流行的一种道德论证就是认为银的自由流通可以对抗价格通缩导致的"人为"变化。复本位论者确实希望黄金和白银都能作为货币流通。弗朗西斯·沃尔克(Francis A. Walker)就是其中之一，支持白银再货币化，反对政府干预下的白银去货币化。他说：

---

① 但是，这些并不是完全的新理论。一些非常旧的理论也被他们用来支持自己的观点。货币定量理论的流行使得货币量不足的旧观点得到了证明，而价格下降也间接帮助了定量理论的普及。麦克林·哈尔迪(McClean Hardy)指出："定量理论不是新的，但是最近一些情况让这一理论特别突出。首先，它是自由银币需求的基础：国内的白银不够满足商贸需求；只使用一种金属不可能满足所有需求；只要缺少流通介质，繁荣就不能被储存或者保持，因此白银必须再货币化，这样低价和困难时期才不会持续下去。"(1895，第145-146页)有趣的是，这段引文中把低价和困难时期联系在一起，没有考虑到价格差异是企业家的相对因素。

复本位论者——至少欧洲的复本位论者——的目标不是为了降低债务量以支持债务人阶层，而是防止通过其中一种贵金属的去货币化而降低货币储备，进而债务被人为增加了。(1883，第268页)

1873年白银去货币化对于债务人来说，看上去确实不公平，因为债务人可能希望政府货币不要变化，坚持16比1的金银兑换比，并允许自由铸币。白银去货币化之后，债务人的债务负担突然加重，因为他们不能再使用白银来偿债。当时已经出现了针对去货币化的调整合约。如果债务人预计到了白银价格下降，他们可能就有权利使用白银偿债，而且他们可能也会这样做。但是这些债务人并没有正确预计到政府对货币事务的干预。这个例子表明了政府及其可能的干预让未来更难预见。

其他一些经济学家也提出了他们自己的理论，认为应该避免价格通缩。因此，亨利·凯里(Henry C. Carey)依据软通货理论，建立了所谓的美国学派，该学派的代表人物包括培欣·史密斯(E. Peshine Smith)、威廉·埃尔德(William Elder)、史蒂芬·科尔维尔(Stephen Colwell)和亨利·凯里贝尔德(Henry Carey Baird)等。[①]凯里在当时非常有名望。他不仅支持能够给工人、农民和制造商好处的保护性关税，还攻击"放款机构"。美国重工业在当时负债极高，也受到了价格下降的重创，而他则成为美国重工业最重要的辩护人。有趣的是，凯里和科尔维尔自个就是铁器制造商，这样做也有益他们自己的企业发展。凯里的理论还得到了铁器制造者约瑟夫·沃顿(Joseph Wharton)、

---

① 关于凯里的信息，参见昂格尔(1964，第50-60页)或者纽金特(1967，第61-63页)。

铁路发起人托马斯·斯科特(Thomas A. Scott)、制造商罗伯特·帕特森(Robert Patterson)和威廉·塞勒斯(William Sellers)以及出版商亨利·莱亚(Henry C. Lea)的拥护。凯里的新重商主义主张在价格下降的大背景下广受推崇，利益集团积极为他提供资金支持。比如，19世纪60年代后期，美国钢铁业协会主席艾贝尔·沃德(Eber B. Ward)就为凯里的货币研究提供了经济资助。

美国工业联盟、宾夕法尼亚州工业联盟以及凯里的门徒约翰·威廉姆斯(John Williams)编辑的《铁器时代》(Iron Age)杂志以及美国工业联盟的报纸《国民美国》(National American)都公开探讨了凯里教义。凯里及其组织当然反对紧缩，也反对恢复铸币支付。他们支持绿钞，也因此获得了受到价格下降损害的利益集团的资助。凯里和他的追随者甚至成为这些利益集团中的一部分。

另外一位撰文反对价格通缩的经济学家是本杰明·安德鲁斯(Benjamin Andrews)。他说：通缩会导致不公平的财富再分配，"货币升值会导致所有债务不公正。"(1895，第302页)他也谈到了债务人的问题："货币价值增加等于抢劫债务人。"(1895，第302页)此外，安德鲁斯还提出了一个很普遍的观点，即通缩可能会降低商业活动的积极性："价格下降(货币升值)给放弃生产提供了特殊的动机，且让人有囤积财富的冲动。"(1895，第306页)安德鲁斯希望金银都能成为货币，从而预先阻止价格下降(1895，第321页)。1897年，他辞去了罗德岛布朗大学校长的职位，原因就是该校已经不再是硬通货的支持者。他同时在康奈尔大学任教，因为康奈尔对他的货币观点持更加开放的态度。康奈尔大学的农业系实力很强，其农业相关专业至今仍然全球领先，它们欢迎那些关怀农民的人士。[①]安德鲁斯谈到那些有抵押品的农民，认为这些人资本最少，价格下降损害了他们的利益："因此，土地问题困扰着每一个农村，分裂着使用黄金的世界。"（1895，第309页）

5.1.8　结论

1865—1896年，美国的价格通缩是由经济增长引起的。价格通缩并没有给经济快速增长带来什么麻烦。[②]相反，价格通缩的主要诱因就是经济增长，其他原因则包括绿钞时代对货币质量提升的预期以及一些国家转向金本位制。此外，法定的货币通缩阻止了白银的使用，否则价格将会高一些。当时同样也出现了债券通缩，其目的是为恢复铸币的使用而做准备。随着白银不再作为通货流通，法定的货币通缩出现了，而且信用紧缩，即银行信贷通缩，也如期而至。这些因素共同导致了货币供应的暂时性减少。这一时期的繁荣与萧条以及不良投资都没有对经济增长造成太大影响，但是的确引发了社会不满和动乱。这一历史实例说明价格通缩不一定会阻止经济增长。经济增长本身是由创新、人口增长、知识/劳动力分工以及资本积累推动的。因为尽管经济在发展，但仍存在一些利益集团支持通过发行绿钞、自由铸造银币以及实行复本位制来防止价格下降。这些集团主要由负债的企业和

---

① 碰巧学校的联合创始人和农业狂热分子埃兹拉·康奈尔(Ezra Cornell)在1873年恐慌(和信用紧缩)中进入了铁路业。康奈尔大学反对通缩的立场将会持续得更久。20世纪30年代后期，沃伦和来自康奈尔的皮尔森攻击通缩，抱怨通缩给长期负债的农民造成了不公(1983，第274页，第431页)。帕尔义称他们为"农业经济学家"。(1972，第281页)

② 最普遍的货币谬论是，经济增长只有在货币供给增长时才有可能。

农民组成。同样，白银矿工也自然而然支持银币的自由铸造，并提出了一些反通缩的论据。因为农民的实际债务负担加重，经济和政治地位降低，他们制造的动乱规模最大。

在银行信用通缩和衰退时期，必然的经济结构调整使得社会动荡越来越严重，价格下行压力越来越大。面对这些危机，上文提到的政治党派、媒体、经济学家坚持认为一定的通胀能够避免价格通缩，给出了一些论据并提供了相关的经济理论。

5.2 20世纪30年代德国的银行信用型通货紧缩

5.2.1 介绍

历史上最严重的一次价格紧缩发生在大萧条期间的德国。20世纪30年代价格通缩严重，德国成为继美国之后受大萧条打击最大的国家。[①]本节将讨论为什么德国会发生如此大的衰退。此外，由于德国通缩的主要原因来自于银行信贷紧缩，对这段时期的分析将为阐明银行信贷紧缩的理论提供实例。

本节还将关注银行信贷紧缩或价格通缩是否加剧了德国大萧条。通常认为银行信贷紧缩和布吕宁(Brüning)总理的紧缩政策使大萧条更

---

① 参见玻恩(1967，第34页)。

加严峻，然而，理论分析表明该假设并不一定成立。通缩可能导致了所有权的急剧变化，却并没有扰乱生产或干扰了产业结构的调整。因此，本节将解释大萧条如此严峻的原因。

文章将按照如下顺序展开：由于银行信贷紧缩发生之前必然会发生银行信贷膨胀，因此将先分析20世纪20年代的银行信贷扩张。然后，将说明是什么触发了银行信贷紧缩，以及危机是如何深化的。此外，将探寻大萧条形势严峻的原因，并分析大萧条中价格通缩扮演的角色。最后，介绍对通货紧缩的反对意见以及争取通货膨胀的利益群体。

5.2.2 银行信贷膨胀

5.2.2.1 从凡尔赛条约到道威斯计划

《凡尔赛条约》

《凡尔赛条约》(Treaty of Versailles)于1919年5月签订[1]，它对20世纪30年代大萧条的重要性不在于、所规定的赔偿条款，而是其心理和政治上的影响。德国被宣判在第一次世界大战中有罪，它损失了10%的人口和13%的领土。除了其他的军事限制，德国军队的士兵人数只剩不超过10万。德国不得不以牲畜、船只、车辆等形式支付货币或实物赔偿。于是这些赔偿成了德国政客鲁莽行为的替罪羊。[2]

---

① 关于《凡尔赛条约》，参见阿尔德克罗夫特(Aldcroft)(1978，第36-37页)，以及巴尔奇(Bartsch)和艾斯曼(Eismann)(2005，第11-12页)。

② 博尔夏特(Borchardt)(1979，第121页)，fn.43，指出很多人把这些赔偿视作大萧条的原因。因此，真正的原因就没有被发现了。

"一战"后的国际信贷结构

"一战"的灾难带来了有缺陷的国际信贷结构。为了赢得战争，交战国政府自身背负债务，并打算利用战败国的赔偿来偿还贷款。然而，战争比最初所预想的情况持续得更长且更具破坏性。战争期间，美国成了欧洲的生产机器，向欧洲运输货物、机器、武器和食物。该过程还受到美联储扩张性货币政策的进一步刺激，使欧债得以在美国出售。

战后，生产结构必须适应和平时代的需求。很显然，由于信贷扩张和美联储的宽松信贷政策，很多美国企业和农民都将其稀缺资源进行了不当投资。因此，他们的企业不得不接受清盘。当然，也有许多利益相关者反对这一进程并奋力争取通货膨胀以使调整变得更"平缓"。

欧洲也采用了在和平时期的生产结构。然而，1919年3月，当美国政府停止向协约国提供贷款时，私有债权人取而代之，完全依赖于欧洲需求的美国出口商开始赊销。[1]同样，这也是由美联储的信贷扩张所致。美联储使贴现率低于市场利率，因此商业银行可以用额外的准备金来向出口商扩大信贷，出口商则利用这些信贷将其出口商品赊销到欧洲。

美国的发展

如上所述，战争中的国际信贷结构继续维持下去。美国生产商品并将其赊销到欧洲，希望将来能得到支付。一种虚高的生活标准继续在欧洲盛行，最终使借贷的偿付更加困难。[2]潜在的信用结构非常脆

---

① 参见安德森(1979，第61-69页)。
② 参见拉耀(2006，第11页)。

弱，在1920—1921年的经济衰退中这种结构便瓦解了。由于不是用黄金来支付不断增长的进口，美国的黄金储备开始流失，引发了信贷紧缩和利率高企。对于出口商来说，赊销到欧洲不再有利可图。[1]欧洲的需求崩塌了，许多项目被清盘，资源被投入到其他产业中去，生产结构的调整终于开始了。

然而，美联储从1922年利用公开市场操作开始新的信贷扩张。[2]美联储当时的想法是帮助商人为其项目融资，但人为的低利率却导致了本国不当投资的增加。信用扩张还使得欧洲人得以赊购美国的产品，并通过该方法维持虚高的价格。

那段时期另一件重大事件是美国引入了福德尼-麦坎伯关税(Fordney-McCumber Tariff)。由于1922年9月开始实行福德尼-麦坎伯关税，对于欧洲人来说，向美国出口、获得美元用于支付进口以及偿还债务变得更加困难。解决方案是，美国通过扩张信贷向欧洲进口与偿还当期债务提供融资，欧洲背负了更多的债务。

德国的恶性通货膨胀

"一战"之后，尽管黄金支付仍旧暂停，德国政府对医疗卫生和教育等的高支出却拉开了序幕。[3]德国政府发布了8小时工作制的命令，工会也被赋予很多特权。与此同时，军人复员开支、赔偿以及国有产业赤字给国库带来了巨大压力，而且税收收入还在不断减少。政府支出由德国中央银行通过为政府大印钞票来解决，引发了著名的德国恶性通货膨胀，并于1923年达到顶峰。在1923年，由于拖欠了战争

---

① 参见拉耀(2006，第12页)。

② 关于美国1922-1928年的信贷扩张，参见安德森(1979，第144-150页)。

③ 关于德国恶性通货膨胀的研究，参见布雷西亚尼·图罗尼(Bresciani-Turroni)(2007)，或弗格森(Ferguson)(2010)。

赔偿，法国和比利时占领了德国的工业区鲁尔区，这给德国带来了更大的经济压力。面对着经济全面崩溃的危险，德国要求对赔偿问题进行重新谈判。

5.2.2.2　道威斯计划

这时候，道威斯委员会(Dawes commission)为了寻求稳定马克和德国预算的办法，提出了道威斯计划(Dawes Plan)，要将赔偿设置在合理且可支付的水平。[①]协约国自然对这个计划的落实很感兴趣，尤其是英国和法国。法国需要稳定自己的预算，如果德国支付赔偿款，那么法国也能够向英国支付战争债务，英国于是也就可以向美国支付战争债务。

道威斯计划有五个基本方面。首先，马克确保稳定到战前的水平(RM 4.20=$1)。这是可以实现的，因为法国减少了赔偿额度，这减缓了对德国货币稳定性的威胁。

第二，德国国家银行与政府保持独立，以防止中央银行为政府财政赤字融资。协约国代表通过控制委员会实现控制德国国家银行的目的，并规定必须用黄金或可兑换成黄金的外汇来覆盖40%的银行流通票据。[②]这些措施严格限制了中央银行贷款给政府的可能性。

第三，赔款问题再次得到解决。道威斯计划规定赔偿必须以现金支付，金额从6000万美元增长到约2.5亿美元。而且只要这些赔款没

---

① 关于"道威斯计划"，参见安德森(1979，第115-121页)；斯图肯(Stucken) (1953，第61-76页) 和帕尔义(1972，第160-169页)。关于德国战后货币历史参见艾哈迈德(Ahamed)(2009)。

② 美国希望马克100%用黄金作为支撑，但是英国、法国和意大利不想要德国使用100%的黄金标准尽管它们自己的偿还仍然被暂停着。此外，英国想要一个基于英国货币的黄金交换标准。参见拉耀(2006，第14页)。

有全部结清，道威斯计划就不会终结。此外，道威斯计划中还有一则"福利条款"规定，如果德国支付能力增强，那么赔款额也应增加。

第四，设立了转移中介。道威斯计划监督转移支付的过程，并将其诉诸所谓的"转移条款"，如果认为赔偿的转移支付会危害德国马克，那么转移就应该被取消。

第五，筹集了一笔高达1.1亿美元的巨额贷款，用于帮助德国对赔款——道威斯赔款——的支付。这些债券用外币计价，并主要在美国等国家出售。此外，高利率还吸引了大量的小额短期贷款。[1]所以，接下来五年内发生的情况是：德国向外国借款为赔款支付筹集资金。

人们认为道威斯计划的措施恢复了协约国对德国偿还赔款能力的信心，同时还能够使德国的货币稳定。通过这种方式外国资本进入德国，德国又一次融入了西方社会。此外，由于达成了这项计划，对鲁尔区的占领也宣告结束。

5.2.2.3 从"道威斯计划"到"杨格计划"

从大通胀到德国黑色星期五

大通胀过后，德国剩下的都是一些制造商。这些制造商过度扩张导致的不良投资不得不面临被清盘的命运。

国外新信贷的流入帮助这些不良投资维持了一阵。实际上，只要信贷恢复，生产结构的适应性调整就会停止或至少得放慢步伐。德国工业联邦协会、工会和德国农业协会等重要的施压团体依赖或支持这种资本流入，德国国家银行不会试图阻止这种资本流入。[2]

---

① 参见拉耀(2006，第28页)

② 参见帕尔义(1972，第177页)。

1924—1925年"道威斯繁荣"之后，1926年德国出现了短期的经济衰退。一些边缘企业走向破产，它们的资源被释放出来投入到更有利润的项目中去。这段衰退时期过后，世界经济在1927—1929年再度繁荣起来。然而，由于较高的工会工资，德国的繁荣落后于世界。[①]

与美国类似，在德国信贷扩张同样造成了股市的繁荣。然而，在1927年5月13号这个"黑色星期五"，股市出现了大崩溃。主要原因是德国国家银行对原来的和新的证券贷款强加了25%的保证金要求。另一个可能的原因正如里切尔(Ritschl)所言，无法继续维持的信贷扩张使投资者焦虑，这导致他们开始抛售证券(2002，第13页)。随后，大萧条从德国开始向其他国家蔓延开来。由于股市的崩溃，德国工业界只好从国外融资。[②]

德国的收支平衡表

从1924年道威斯计划开始，直到1929年，德国的收支平衡依赖西方，尤其是美国的信贷。德国官方银行体系调查估计，德国净进口资本达44.2亿美元，这足以支付20亿的赔偿款和德国贸易赤字，外加德国国家银行黄金储备5.5亿美元的增长。[③]

与其目标一致，道威斯计划恢复了对德国经济的信心，并使资本从海外流入欧洲。的确，与所支出的赔款相比，德国在不断输入更多的资本。从表5.1可以看到，由于债台高筑，外债的利息支付不断增加。

---

① 参见熊彼特(1929，第849页)。
② 参见斯图肯(1953，第75页)和帕尔义(1972，第174页)。
③ 参见帕尔义(1972，第162页)。

表5.1　德国国际收支平衡表，1924—1932年

年份	出口	进口	余额	赔款	利息和股利	其他服务	总的货币结余	净资本流，流入(+)或流出(-)	黄金流，流入(-)或流出(+)中央银行储备
1924	7816	9664	-1848	-281	+159	+269	-1701	+2913	-1212
1925	9572	11934	-2362	-1057	-6	+421	-3004	+3240	-236
1926	10700	9883	+817	-1191	-173	+449	-98	+679	-581
1927	11126	14016	-2890	-1584	-345	+566	-4253	+4777	-524
1928	12644	13868	-1224	-1999	-563	+676	-3110	+3172	-62
1929	13655	13624	+31	-2501	-800	+871	-2399	+2307	+91
1930	12192	10548	+1664	-1694	-1000	+521	-529	+494	+35
1931	9637	6779	+2858	-988	-1200	+445	+1115	-2722	+1607
1932	5778	4724	+1054	-160	-900	+258	+252	-489	+237

单位：百万帝国马克。来源：国际联盟(League of Nations)，《国际货币经验 (International Currency Experience)》（普林斯顿，1944，第103页），引用自帕尔义 (1972，第165页)

美联储的信用扩张对德国的影响

美联储认为领头的中央银行应持有五分之二的世界黄金储备[①]，但20世纪20年代它却改变了政策。正如本杰明·安德森(Benjamin Anderson)所评论的：

美联储的创立是为危机时和季节性对现金的需求提供资金，而不是为促进经济繁荣，尤其不是为了股市的繁荣。但从1924年早期一直到1928年春天，它却被用来促进经济繁荣和股市繁荣。(1979，第146-147页)

关于美联储的信用扩张，详见表5.2。

---

① 参见帕尔义(1972，第46-47页)。

除了本国的投机交易和不当投资，美联储的货币扩张还为国外的不良投资予以融资，其中就包括德国。德国的进口、福利和赔偿款都是用外债来支付的。[①]

表5.2　美国货币供给，1921—1929年

日期	调整过的存款总额和银行外的货币(单位：十亿美元)
1921.6.30	37.79
1922.6.30	39.00
1923.6.30	42.75
1923.12.31	43.50
1924.6.30	44.51
1924.12.31	47.08
1925.6.30	48.32
1925.12.31	50.30
1926.6.30	50.57
1926.12.31	51.12
1927.6.30	52.23
1927.12.31	54.08
1928.6.30	54.68
1928.12.31	55.64
1929.6.30	55.17

来源：罗斯巴德 (2000，第92页)。

正如安德森所述：

银行信贷的巨大扩张，加上原本通常的资本来源，创造了一种资本用之不尽的幻觉，从而使得我们的市场很容易就吸收了巨量的外国

[①] 无论它们来自政府贷款还是商业银行贷款都没有关系。政府贷款最终也是通过扩张的银行系统得到资金的。

债券以及大规模增长的美国债券。道威斯计划的出台，给欧洲信贷的质量重塑了信心，而美联储便宜的货币政策创造了巨量的可用资金，使我们在1924年得以购买差不多十亿美元的外国债券(不包括债券的续借)。(1979，第128页)

德国政府和市政的不当投资令德国国家银行总裁亚尔马·沙赫特(Hjalmar Schacht)亲自出现在纽约，敦促美国银行不要再向德国政府和市政提供贷款。之后的很多年，沙赫特作了很多努力以降低德国从国外的借贷(安德森1979，第161页)。[1]美联储的信用扩张带来了过于丰富的流动性和人为的低利率。

但是在1924年美联储政策的影响下，银行货币数量庞大，纽约出现了货币过剩。资金取之不尽的幻觉不断加剧。美国的高收益债券市场显得异常饥渴，投资银行不断向市场提供"粮食"。1925年末，14家美国投资银行的代理人奔赴德国，向德国政府和市政征求贷款。(安德森1979，第161页)

尽管沙赫特作了努力，德国政府和市政的公共投资还是从1924年的4.58亿马克到1928年增加到可怕的14.26亿马克。[2]用这些贷款来为这个福利国家筹集资金，对德国政客来说是很难抵抗的诱惑。对于外国投资者来说，到德国投资变得似乎非常有吸引力。由于美国信贷扩张，美国的长期利率比德国的短期利率还低。因此，吸引人们在美国

---

[1] 还可参见斯图肯(1953，第70页)。
[2] 参见凯泽(Keiser)和贝宁(1931，第154页)。

进行长期借贷并对德国进行短期投资。[1]

应当明确的是德国工业企业同样通过华尔街贷款为其自身筹集资金。美国信贷宽松溢出到海外，扭曲了德国的生产结构，或者说使已然存在的扭曲得以持续。例如，1924年美国发行了一笔2000万美元的债券——斯廷内斯贷款(Stinnes Loan)，挽救了过度扩张的斯廷内斯工业集团。[2]美国信贷阻止了必要的清盘和重组。

在这个过程中，美国金融体系对德国的偿付能力变得更加依赖。美国自身就有一个扩张的信贷结构，德国维持偿付的困难只会使其陷入危险境地。事实上，德国偿债能力的这些困难会使美国银行体系陷入严峻的困境中。黄金和外汇无止境地流入德国为工业和公共项目提供了资金，但是其中的许多项目都是不当投资，且从长远来不可持续。

德国的信贷扩张

不仅德国的工业企业和市政从国外借入短期贷款，就连德国的银行也是如此。因此，美国信贷扩张的同时还有另一个问题，即德国银行基于所借入的短期黄金和外汇的信贷扩张。换言之，以短期借入的黄金为基础进行信贷扩张，进一步增加了信贷。德国的银行信贷扩张导致其流动性变得很差。1930年的现金比率跌到了1.7%，而在1913年曾是7.4%。[3]图5.7显示了德国国家银行和德国的银行的外国债务。[4]

1925—1929年仅4年时间内，债务增长就超过了七倍，这是个巨大的增幅。

---

[1] 参见玻恩(1967，第19页)。

[2] 参见帕尔义(1972，第206-207页)。

[3] 参见帕尔义(1972，第229页)。

[4] 来源：德意志联邦银行 (1976，第4页)。

单位：百万马克

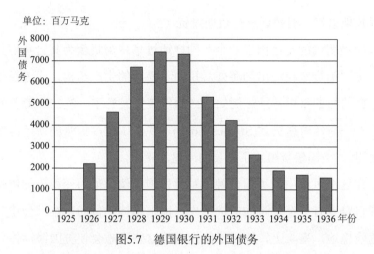

图5.7　德国银行的外国债务

从图5.8所示信贷机构的贷款中可以看出德国银行的信贷扩张是惊人的。[1]

还可以看到1924—1928年德国货币供给的巨幅增长。在表5.3中，它以每年7.4%～23.6%的速度增长。

单位：百万马克

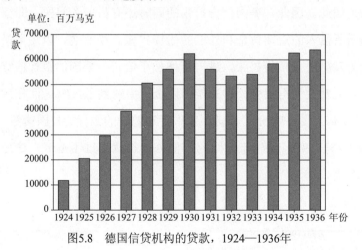

图5.8　德国信贷机构的贷款，1924—1936年

---

[1]　来源：德意志联邦银行 (1976，第4页)。

表5.3　德国货币供给，1924—1928年

年份	德国货币供给(单位：百万马克)
1924	5,715
1925	7,061
1926	8,403
1927	9,027
1928	10,544
1929	10,893
1930	10,539
1931	10,007
1932	8,652

此处，货币供给是流通中的货币加上短期(银行)存款(柏林最大的五个银行在七天内的应付活期和定期存款)。来源：国际联盟，《统计年鉴》，1931–1932、1935–1936 (日内瓦，1932、1936)；国际联盟，《商业银行》，1925–1933(日内瓦，1934)，引自帕尔义 (1972，第176页)。

外国资本的流入和信贷扩张帮助德国维持了高物价。尤其是高流动性所支撑的，并由工会所强加，致工资增长相当明显。此外，这还损害了出口、鼓励了进口。本可有效地用以偿还外国债务的顺差变得不可能了。相反，只要作为本国信贷扩张基础的外国债务不断流入德国，逆差就会持续得到融资并不断延续。

一般来说，一旦美国和外国银行开始担心贷款不能收回而收缩信贷，资本流就将中断。更糟糕的情况还可能是，信贷逃离德国。由于德国采用的是黄金汇兑本位制，德国国家银行不能创造必要的流动性将德国的银行和政府当局从背负外债的困境中解救出来。只有外国中央银行，比如说美联储可以提供外汇来解救德国银行和企业。于是，一旦美联储限制信贷，而同时为了满足国际债务和利息的支付，德国就很有必要施行非常不受欢迎的和具有政治危险的通货紧缩政策。然

后，不当投资就必须被清盘，德国产业结构中的不当投资和市政的不当投资就无法维持了。

1929年德国外债的处境

让我们回到战争债务的问题上。战争结束时，法国和英国就对美国负债累累。按照和平条约的规定，德国需要向法国和英国支付赔款。为了支付这些赔款，德国不得不使它的出口大于进口，或掏空市民的储蓄。但德国政府不想让市民的生活降到较低的水平，而且事实情况是进口比出口要多。政府和地方当局同样向美国借债用以支付赔款和逆差。因此国际信贷流是这样的：美联储的货币宽松使得德国得以在美国借款从而向法国和英国支付赔款。利用这些资金，法国和英国可以向美国还款，美国是间接地支付了其自身的款项。但情况不可能永远如此，有时德国也要向美国还款。可是，德国的债务保持着增长并成为全球最大的债务人。1931年，它的净外国债务达到41亿美元。[1]

这些债务的基本问题是借款没有投入到本可以生产商品以偿还债务的生产性投资中。相反，资金被用作他途，以支付公共赤字，或被用来扩大国家福利和推动公共开支，建造运动场、公园和其他休闲基础设施。实际上，用贷款来支付赔款也不是一项生产性投资。资金还被用来维持过度扩张的和不能盈利的商业项目，并用以支付高薪与社会福利。非但消费没有减少，用来投资的储蓄没有增加，外国信贷的使用反而更多了。[2]从表5.4中可以看到1924—1928年德国投资的增长。

---

[1] 参见帕尔义(1972，第200页)。
[2] 参见斯图肯(1953，第76页)。

表5.4　德国投资，1924—1928年

年份	投资额(单位：百万国家马克)
1924	2,701
1925	4,552
1926	5,156
1927	7,168
1928	7,273

来源：凯泽和贝宁(1931，第17页)。

外国信贷是由美联储宽松的信贷，而不是实际储蓄所支撑。正如商业周期理论所描述的那样，我们面对的是一个虚假繁荣。德国生产结构被美国信贷的进一步宽松而严重扭曲了，必要的清盘也被抑制了。与消费品行业相比，资本市场繁荣起来。[1]同时，在德国，资本被消费掉了，尤其因为过高的工资，德国的工业失去了竞争力。德国的生产能力下降，与此同时债务又在增加，从而使得债务偿还变得更加困难。

当美国短期信贷从德国撤出并再次投入到更高收益的繁荣股市中去时，第一个问题出现了。[2]当1929年美联储收缩信贷，导致美国利率上升之后，问题更严重了。[3]这使得在美国投资变得更有吸引力。美国股市崩溃之后，为了保证美国的流动性，更多的信贷从国外撤出，美国向德国的资本输出干涸了。

5.2.2.4　杨格计划

1928年，5年期的道威斯计划接近尾声之时，很明显，计划所设

---

[1] 参见阿尔德克罗夫特(Aldcroft)(1978，第240页)。

[2] 参见努斯鲍姆(Nussbaum)(1978，第270-271页)。

[3] 参见安德森(1979，第205页)。

定的不断增长的赔款使德国政府陷入严峻的困境之中。"无止境"的赔款掀起了德国民众的反抗浪潮。正如前文所述,来自美国的宽松信贷开始枯竭。为了请求调用"转移条款",德国政府奋力争取到对赔款问题重新谈判的机会,也就是通过1929年夏的杨格计划(Young Plan)来解决。[1]1930—1931年要支付的数额达16亿黄金马克,但直到1965—1966年筹集的资金才达23亿,赔款直到1988年才结束。福利条款被废除,这使法国很失望。德国也很失望,因为赔款的"无条件"部分以及道威斯和杨格借款也被转移条款剔除了。[2]

受限制的新转移条款降低了德国债权人的信心。德国国家银行总裁沙赫特不愿意签署杨格计划,这威胁到了杨格计划会议的顺利召开,马克开始流失,直到他最终决定签署时马克的流失才停止。杨格计划给德国国家银行带来了大约3亿美元贷款。[3]信心又一次得到恢复,国际债权人也冷静下来。

5.2.3 银行信贷紧缩

5.2.3.1 1930年的处境

危机开始时,德国已经处在一种非常麻烦的境地。自1927年4月开始,股市不断下跌。1929年,德国经济轻微萎缩[4],失业持续上升。

---

① 参见巴尔奇(Bartsch)和艾斯曼(Eismann) (2005,第14页)。
② 参见帕尔义(1972,第166页)。
③ 参见帕尔义(1972,第167页)。
④ 参见德意志联邦银行(1976,第7页)。

然而，最重要的问题是德国经济的信贷结构不可持续。德国政府不希望人民为支付赔款而作出牺牲，所以非但没有减少花销，反而建立福利国家以赢取选票。由于进口多于出口，短期信贷用来为进口、政府支出、赔款和实际上在烧钱的公共企业提供资金。此外，基于这些外国资本，银行扩张了信贷为长期投资项目融资。在这种情况下，一旦外国资本离开德国，整个信贷结构就会崩溃。

1930年，德国的企业越来越明显地需要清盘。1929年之前，相对通常的销售库存比，存货剩余已经非常巨大并且还在持续增长中。价格开始下跌，而银行通过"经常账户"贷款为过剩的库存提供了资金，减慢了下跌速度。[1]

农业部门处在尤其困难的境地。20世纪20年代，农业产能曾经有过一次迅速的扩张。商品投机通过信贷扩张所提供的资金使得价格维持在高水平。商品产量的增长在1928年变得明显，价格开始下跌。1929年中期，九大世界商品价格指数(1923–1925=100)跌到了80以下。小麦价格从1929—1930年下跌了12.9%。[2]面对价格下跌和需求萎缩，农民为了偿付抵押贷款增加了产量，这给价格带来了更多的向下压力。容克们和拥有土地的普鲁士贵族积累了大量与农业相关的债务。给容克们提供津贴的东部援助(Osthilfe)计划，阻碍了一次因价格下跌的产量调整。[3]

出口部门的表现同样欠佳。1929年股市崩塌后，出口商受到了美国经济不景气初期的负面影响，尤其是从信贷刺激的美国繁荣中获利

---

① 参见帕尔义(1972，第219页)。

② 参见帕尔义(1972，第223页)。

③ 参见帕尔义(1972，第220-228页)。

的资本品出口商。①

由于信贷扩张，银行体系的处境也令人担忧，流动性状况十分糟糕。50%的商业银行存款属于能立即将存款取出的外国人。商业银行存款从1913年的76亿马克增长到1929年的114亿马克。储蓄银行存款从1925年的16亿马克增长到1930年的104亿马克。银行资产被投入到长期投资之中。②因此，梅尔基奥尔·帕尔义写道："1931年7月13日德国整个金融体系流动性如此糟糕，很难再找出第二个类似的情况。"(帕尔义1972，第261页)在恶性通胀期间，银行失去了大部分权益，从而导致银行的地位进一步被削弱。对于柏林的大银行而言，权益与以外国与短期债务为主的外部资本的比例是1:15.5。③

政治状况也不容乐观。赔款对于国库来说是很大的负担，在政治上也非常麻烦。民族主义者憎恶凡尔赛条约，强烈反对赔款。国家社会主义德国工人党(纳粹党)向公众允诺了激进的国内和对外政策，吓跑了外国投资者。9月14日，纳粹党在国会选举中成功，席位从12增加到了110。布吕宁政府身处困境。9月的纳粹党胜利导致了资本出逃，但德国国家银行在提高它的贴现率后依然能维持黄金平价。④

尽管有这些问题，但是危机看起来很快就会结束。在经过一些清盘之后，工业生产在1931年1月至4月期间再次开始增长。⑤但随后奥地利的安斯塔特信用社(Credit-Anstalt)破产了。

---

① 参见斯图肯(1953，第79页)。
② 参见帕尔义(1972，第254页，第259页)。
③ 参见玻恩(1967，第14页，第20页)。
④ 参见斯图肯(1953，第82页)。
⑤ 参见博尔夏特(1979，第91页)。

5.2.3.2　安斯塔特信用社的破产

　　1931年5月，在大规模信贷扩张和兼并了两家没有流动性的竞争者后，奥地利最大的商业银行安斯塔特信用社宣告破产。之前，该信用社将信贷提供给那些进行了不当投资、不能还贷的企业。而且，安斯塔特信用社还持有巨大的证券组合，这个组合已经损失严重。银行的资产开始萎缩，损失不断披露，奥地利的银行出现了挤兑。[①]

　　因为奥地利70%的大型工业企业都依赖于安斯塔特信用社，它的失败对奥地利的工业造成了严重的后果。因此，阿方斯·冯·罗斯柴尔德男爵(Baron Alphonse von Rothschild)、奥地利政府和奥地利国家银行出手拯救，使之脱离了困境。[②]德国也感受到了安斯塔特信用社和其他奥地利银行崩溃的影响，外国投资者对德国是否有能力还贷的疑心增加。德国银行与奥地利银行有相似的资本结构，都有很大一部分的外来资金、证券组合也都有损失以及对工业的放贷。[③]

　　此外，政治事件降低了外国对德国的稳定性及其还债能力或意愿的信心。6月，布吕宁政府陷入危机并差点倒台。布吕宁同样宣称由于德国经济条件太差，他想重新展开赔款谈判。[④]结果是短期外国信贷加速撤离，外国投资者将马克存款转换，而国内储蓄者开始囤积马克和

---

　　① 参见玻恩(1967，第65页)；通常认为：安斯塔特信用社的破产是由于另外一个问题。在1931年春天，德国-奥地利关税联盟的一项计划引起了法国的怀疑，他们疑心德国试图规避凡尔赛条约中对"德奥合并"的禁止。法国政府威胁到这项计划的实施。因此，通常认为法国银行从德国和奥地利撤走了短期资本，随后其他外国银行业如法炮制。然而，卡尔·玻恩证实直到1931年4月，奥地利仍然享有着外汇的流入。因此，安斯塔特信用社的破产不是由政治引起的而是由银行所遭受的经济损失所致。查尔斯·金德尔伯格(Charles Kindleberger)也认同了玻恩的说法(1987，第146页)。

　　② 参见帕尔义(1972，第252页)。

　　③ 参见玻恩(1967，第65页)。

　　④ 参见玻恩(1967，第71页)。

外国货币(比如现金囤积接连发生)。

另外，一些大型德国工业也已破产或是即将破产。[①]利润开始下降，损失激增。1931年，德国周期研究机构称，约有2000多家工业企业遭受了损失，净损失额高达50亿马克。[②]6月25日，柏林第二大银行达纳特银行(Danatbank)资不抵债。该银行利用短期的美国信贷，发放信贷来为长期投资项目融资。由于棉花生产集团因过度扩张和投资而破产，达纳特银行遭受了2.5亿马克的损失，是其资本量的四倍。不久之后，德国商业银行(Commerzbank)也披露了无法偿债的问题。这些都加剧了德国银行的破产，德国国家银行因此损失了许多黄金储备，银行开始限制信贷以保证流动性，内部的冲击也威胁着整个银行体系。[③]人们希望保障并增加持有现金，价格继续下降，随之出现了现金囤积的通缩现象。[④]

7月13日，银行不得不关门停业，德国政府取消了马克兑换黄金和黄金货币的承诺[⑤]，随后还宣布设立两个银行假日，并规定在接下来几个星期内只有部分存款可以取出。[⑥]这样，导致了一段时间的没收型通缩。

5.2.3.3 银行信贷通缩即将发生

除了现金囤积和没收型通缩之外，危机还导致了银行信贷通缩。

---

① 参见玻恩(1967，第67页)。关于公司和企业破产，参见努斯鲍姆(1978，第324-325页)。

② 参见国际联盟(1935，第41页)。1932年，净损失将至30亿马克。

③ 参见斯图肯(1953，第85页)。

④ 关于"囤积"，参见玻恩(1967，第108页，第114-115页)。

⑤ 参见博尔夏特(1979，第92页)。

⑥ 参见努斯鲍姆(1978，第318页)和玻恩(1967，第108页)。

通常，信贷膨胀后会发生一些动摇银行信心的事情。这次几个因素碰到了一起：(1) 内部政治危机，(2)法国关于赔款和德奥合并问题的外部政治危机，以及最重要的(3)进行不当投资的德国公司破产及其财务问题和(4) 给银行资产造成的损失。一个累积过程随之而来。外国资本和存款的撤离导致银行试图限制信贷。信贷的限制和价格下降使更多的公司陷入了困境，引发破产和劳动市场的失业现象。[1]银行资金的外逃导致银行关门，更多外国资本也因此撤离，整个银行体系崩溃。货币供应缩减情况见表5.3；信贷紧缩情况参见图5.8。图5.9显示繁荣之后价格也下跌了。[2]

净社会生产的价格指数

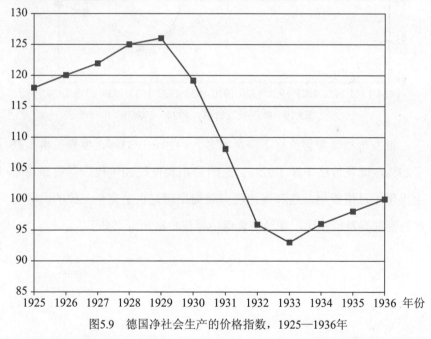

图5.9　德国净社会生产的价格指数，1925—1936年

---

[1] 参见安德森(1979，第241页) 和斯图肯(1953，第83页)。
[2] 1936=100。来源：德意志联邦银行(1976，第7页)。

1929—1933年，价格大幅下降，零售价格和消费价格指数也同样如此(参见图5.10和图5.11)。[1]

批发价格

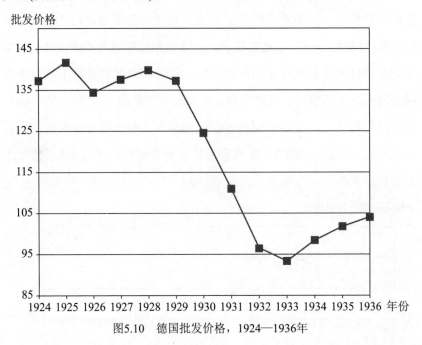

图5.10　德国批发价格，1924—1936年

批发价格比零售价格下降得更多。1929—1933年，零售价格下跌了23%，批发价格下跌了32%。原因是在20世纪20年代，存货和商品上出现了过度投机。这和奥地利商业周期理论也是完全一致的。与生产过程的高阶段相比，在经济衰退中零售价格相对上升了。

① 图5.10：1913=100，图5.11：1913/14=100。 来源：德意志联邦银行 (1976，第7页)。

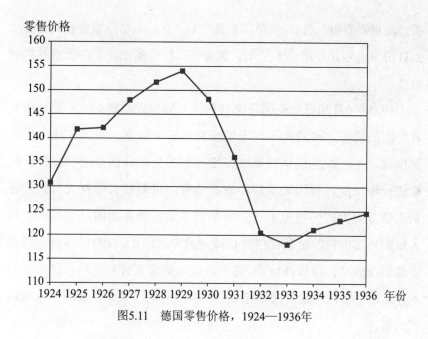

图5.11　德国零售价格，1924—1936年

5.2.3.4　政府救助

当金融和银行体系受到崩塌威胁时，布吕宁政府进行了干预并着手救助银行体系。[①]违约的银行被资本重组和合并，政府为它们提供了担保和资助。德国国家银行有了更多的自由可以通过更大范围的汇票贴现来扩大货币供给。[②]如上所述，德国国家银行停止将马克兑换成黄金，并施行外汇管制，维持了原有的平价。外汇管制基本上是传统延期付款的替代。德国居民再也不能自由购买和使用外国商品或外汇，但却必须以官方汇率向德国国家银行提供外汇，且购

① 解救的例子看以参见达纳特银行(1998，第174-175页)；或努斯鲍姆对德累斯顿银行的解救(1978，第318页)。

② 参见帕奇(1998，第176页)。

买外汇则需要得到授权。[1]德国崩盘之后不久，英格兰银行在其储备受到打击后也停止使用金本位制。黄金外汇标准崩溃，不当投资继续被清盘。

1931年6月20日，美国总统赫伯特·胡佛宣布延期一年偿付所有政府间的债务，该政策不同于道威斯和杨格贷款。然而，法国提出了抗议，在一周之后坚持要就杨格计划的无条件部分进行支付。危机进一步加深。德国无法偿还政府债务，进而私有债权人对其偿还私人债务能力的怀疑加重了。短期资本继续逃离德国，直到对于私人短期外国信贷的延期偿付协议敲定后方才停止。1931年8月，该项协议协商成功，协议持续期为6个月，只要求支付利息和一定比例的本金。这个协议经过数次修订[2]，1932年7月的洛桑会议期间，赔款最终延期。

5.2.3.5 布吕宁的通缩政策

1930年3月30日，布吕宁成为德国总理。布吕宁总理在1930年和1931年的前7个月实行了非常不受欢迎的通缩政策。[3]他通过减少政府支出(除了在军事上)和增加对于工资、收入、销售以及糖、啤酒和烟草等的税收来努力平衡预算。随着自由市场价格开始下降，他降低政府雇员的薪水[4]，减少战争伤员和政府雇员的退休金，同样也削减失业福利。

---

① 参见帕尔义(1972，第254-256页)。

② 玻恩(1967，第141-149页)。关于该中止协议，同样可参见吕克(Lüke)(1958，第328-333页)。

③ 参见帕尔义(1972，第168页)。

④ 参见博尔夏特(1979，第99页)。

布吕宁颁布了紧急法令，授权州政府可以做任何必要的事情来平衡州和市政预算。因此，在1931年秋天，当地政府不得不减少开支。公共剧院、图书馆和博物馆被关闭、建设工程被停止，还有一些公共卫生项目也被终止了。[①]长期信贷合同利率同样被压低了。

尽管有这些措施，政府在经济中所占的体量并没有变小，因为私有经济的支出比政府支出收缩地更快。[②]布吕宁同样试图降低企业的成本。政府通过工资仲裁(Schlichtung)降低了工资，并在紧急性措施下降低了所有部门的工资。政府的法令使工资从1931年12月至1927年1月减少了10%~15%。[③]斯塔夫·斯托尔帕(Gustav Stolper)这样评论政府降低价格的法令：“通缩政策的目的在于，将政治性的价格降低到灵活价格体系中可自动实现的水平。”[④]

通过通缩政策，布吕宁试图维持德国作为“诚实债务人”的名声(帕尔义1972，第168页)。他知道这种名誉的丧失会立即导致马克挤兑和外国资本出逃，德国可能会沦落到闭关锁国的境地。布吕宁取得了部分成功，因为从表5.1中可以看到在萎缩的世界市场上德国的进口减少、出口增加了。德国最终获得了贸易顺差并开始用出口偿还它的债务。1930、1931和1932年，贸易顺差分别为16.44亿、28.58亿和10.54亿马克。净资本流入在1930年减少到4.94亿马克，到1931年和1932年净资本流出分别是27.72亿和4.89亿马克。

---

① 参见帕奇(1998，第182页)。
② 参见努斯鲍姆(1978，第295页)。
③ 参见斯图肯(1953，第90-91页)和努斯鲍姆(1978，第305页)。
④ 参见斯托尔帕(1966，第136页)。

5.2.4　经济严重不景气及其原因

5.2.4.1　经济严重不景气

大萧条之所以被称作"大"是因为它非常严酷，而德国的情况比其他大部分国家都要严重。德国占世界生产的比重从1928年的11.6%降低到1932年中期的8.9%。[①]1929—1932年，社会生产总值[②]降低了35.7%。在清盘过程中，许多不盈利的投资项目被淘汰，资源重新配置给可盈利的项目。1932—1933年期间，社会生产总值已经有了些许的增长，从图5.12[③]可以看出，在后面的几年里，经济复苏速度加快。德国从严峻萧条中的复苏相对他国更快更强。[④]

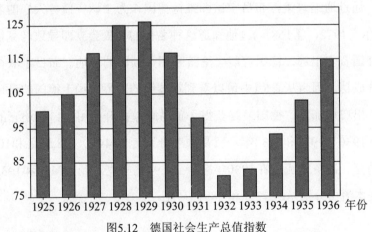

图5.12　德国社会生产总值指数

---

① 参见瓦根弗尔(Wagenfuehr)(1933，第42页)。玻恩认为大萧条在德国和美国最严重(1967，第34页)。

② 社会生产总值对于经济活动的衡量是不充分的。如果能将生产的所有阶段都包括进来或许会更好。然而，社会生产总值能反映经济不景气的趋势。

③ 1925=100。来源：德国联邦统计局(1972，第260页)。

④ 参见许尔斯曼(2013，第104页)。

工业生产图表更好地描述了经济不景气的过程。如图5.13①所示，从1929年开始产量急剧下降，到1932年开始恢复时已下降了41.5%。

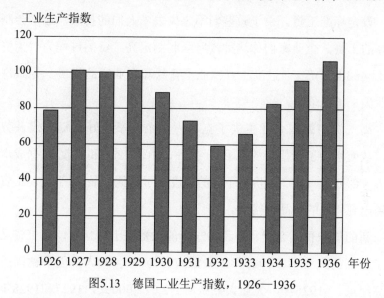

图5.13　德国工业生产指数，1926—1936

德国经济萧条比其他国家更严峻的原因有很多，其中最重要的是美国巨额的信贷扩张，在此基础上，德国继续累积信贷。上文已详细描述了这个过程。

5.2.4.2　为何如此严峻

劳动力市场的限制

1918年革命之后，德国工会利用混乱的环境要求特权。为了阻止革命，企业家最终向工会妥协。工会的要求包括8小时工作制以及通过互相承认的劳资谈判决定工资。1923年稳定之后，企业家试图修正这

---

① 1928=100。来源：德意志联邦银行(1976，第7页)。

些规则，抑制工资增长，但是没有成功。

当谈判双方(即工会与雇主联盟)没有达成一致，政府就出面仲裁，设定标准工资。由于政客们不想失去工人们的投票，通常会制定较高的工资。企业家们称这种政府强制制定高工资的过程为"工资专断(Lohndiktat)"。①过高工资拉低了存款和企业家的投资，导致许多企业失去了竞争力。

高工资使德国企业丧失了竞争力，企业家只好用资本代替劳动力，从而增加了对信贷的需求。②另外，由于工资(和税收)占据成本中很大一部分，一些产品价格下降的幅度小于其他产品。③于是，工资刚性溢出到其他的商品价格上。

新的法令和工会权利导致1924年的工资高于1914年，高工资又导致了过高的失业率。1925年，失业人数为646,000人，创下德国历史最高纪录。④1926年，失业人数激增到2,011,000人，1927和1928年，失业人数仍然高达1,353,000人。在衰退时期，失业人数从1930年的1,892,000人增加到1931年的3,076,000人，1932年甚至达到了4,520,000人，1933年达到顶峰，年均为5,575,000人。⑤

1931年，米塞斯这样描述高工资、无盈利和危机的严重性：

许多生产部门没有盈利，很大一部分工人失业，这些都不能只归结于商业活动放缓。现在，无盈利和失业因为"大萧条"而变得更

---

① 参见博尔夏特(1979，第107页)。
② 参见斯图肯(1953，第74页)。关于过高工资的效应分析，还可参见熊彼特(1929)。
③ 参见米塞斯(1931，第21页)。
④ 参见博尔夏特(1979，第104页)。
⑤ 参见瓦格曼(Wagemann)(1935，第16页)。

加严重了。然而，在战后的这段时间，无盈利和失业已是一种"常态"，虽然经历了经济复苏，也没有完全消失。

衰退如此严重的一个原因是劳动力市场缺乏弹性。工资水平无法自由下降，因为工会几乎可以强制制定工资。工资是有粘性的，因此很难让失业工人在衰退中找到新工作。他们无法向潜在雇主提供低工资的劳动。

福利国家

民主德国——魏玛共和国——成立，德国转变为一个现代化福利国家。这个理想的国家还很弱小，需要人们的支持。政客需要选票以赢得选举，维持权力。这意味着他们要通过经济和政治政策收买选票。

因此，政府开始扩张，其在经济中起到的作用越来越大。斯托尔帕估计政府支出(含公共企业)占GDP的比重接近50% (1966，第144页)。政府支出的人均值(以黄金计价)从1913年的1.072亿帝国马克(RM)增加到1925年的1.617亿帝国马克，1928年增加到2.136亿帝国马克。[1]

对生产征收的新税也不断增加，[2]导致生产积极性受挫。詹姆斯·安格尔(James Angell)描写了这些负担的严重性："……德国税收将会成为当今世界最重的税收负担，而且可能也是历史上最重的税收负担。"(1929，第318页)。由于缺乏与投资项目相关的存款，危机产生了，税收负担则破坏了经济的快速复苏。

---

[1] 参见努斯鲍姆(1978，第166页)。
[2] 参见米塞斯(1931，第27页)。

此外，福利国家其他的一些特点也加重了危机的破坏力。比如启用失业保险和失业津贴，这维护了工会强制增加工资的政策，导致了长期失业。[①]如果没有失业津贴，工会政策和福利国家的兴起就会遭到更多的抵制。

德国国家银行主席沙赫特这样形容福利国家和失业保险带来的后果：

> 这个体系最大的错误非常明显，它用集体责任代替个人责任……对工作负责和自力更生是让任何一个国家或任何一个健康的人强大的原因，而在这个体系下被扼杀了：*存款的愿望降低，奢侈消费的倾向增强*。[②]

同样，财政再分配和补贴也增加了，其中农业补贴增加最大。这些农业补贴通常能够拯救效率十分低下的农场，使之不至于破产。因此，稀缺资源不断堆砌到农业和其他得到补贴的行业，而其他部门只能"望洋兴叹"，否则经济复苏将会更快。更糟的是，新的福利国家无法完全通过税收得到资金，因此还产生了大量的财政赤字。

政府担心健康的政府预算会激起法国和其他战争国更多的赔偿要求，这种担心部分导致了财政赤字的出现。[③]因此，新的福利国家需要部分依靠外国贷款获得资金，魏玛共和国已经入不敷出。[④]

---

① 参见米塞斯(1931，第18页)。
② 参见沙赫特(1931，第181页，第184页)。
③ 参见帕尔义(1972，第166页)。
④ 参见博尔夏特(1979，第106页)。

国际劳动分工遭到严重破坏

20世纪30年代，国际劳动分工遭到严重破坏。[1]国际贸易崩溃。[2]背后原因主要有两方面：第一，许多国家直接控制外汇。在德国，引入外汇管制是为了防止资金转移出境。过去的平衡依然得到了维持，因为外汇必须进入德国国家银行。[3]德国国家银行决定谁应该得到外汇，以及外汇的用途。[4]进口遭到限制，出口因而崩溃。这主要是因为外国人有两种支付德国出口的方式。一是通过信用支付。这一种行不通，因为德国人不会给外国人提供信用，因为德国不可能出口资本。二是通过德国进口而得到的外汇或者黄金来支付。[5]但是德国进口也被限制了。出口(或者资本的进口)用于进口支付，进口萎缩，出口也随之萎缩。德国走在闭关锁国的道路上，放弃了国际贸易可能带来的生产力优势，这加剧了危机。其次，新关税开始征收。美国在1930年对20,000个产品征收霍利-斯穆特关税(Hawley-Smoot Tariff)。[6]这让欧洲人很难把它们的产品卖到美国，以换取偿债所需的资金。关税同样也导致其他国家的报复性关税政策。因此，为了补贴大型低效率的农场，德国政府惩罚农业进口。英国也征收关税，其试图通过英镑贬值来增加出口的竞争力。[7]关税保持了保护品价格的不下降。[8]

---

[1] 20世纪20年代是一个保护主义盛行的时期。克里斯托弗·布海姆(Christoph Buchheim)认为"缺少自由贸易体系"是问题的根源(2002，第113页)。

[2] 参见国际联盟(1935，第92页)。

[3] 参见斯图肯(1953，第93页)。

[4] 参见斯图肯(1953，第94页)。

[5] 另外一种可能性就是用累积的黄金账户来支付进口。但是这种可能性受到黄金余额的限制，而且不可能无止境地持续下去。

[6] 关于霍利-斯穆特关税法则，参见安德森(1979，第229页)。关税可能导致1929年的交易所破产。(詹姆斯2002，第xi页)

[7] 参见斯图肯(1953，第89页)。

[8] 参见米塞斯(1931，第21页)。

国家间贸易的下降降低了生产率，几乎使德国进入闭关锁国的自然经济状态。许多出口商要么解雇员工、要么破产。这种情况对高度依赖进出口的德国伤害很大。因此，在提出杨格计划三天后，美国就通过了《霍利-斯穆特关税法》，这实在很荒唐。①德国对外贸易参见图5.14。②

对外贸易

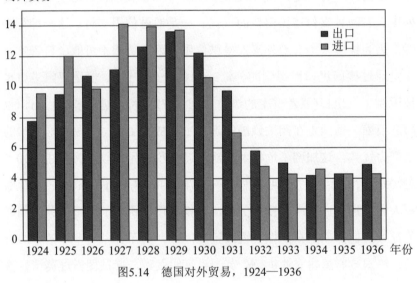

图5.14　德国对外贸易，1924—1936

5.2.5　价格下降：解释

5.2.5.1　传统解释

对德国大萧条的传统解释要么是凯恩斯主义的视角，要么是货币

---

① 参见安德森(1979，第230页)。
② 单位为十亿国家马克。来源：德意志联邦银行(1976，第7页)。

主义的视角。①凯恩斯主义者认为，有效需求的崩溃导致了大萧条。货币主义者认为，货币供给的崩溃导致了大萧条。有时候，人们也说20世纪20年代出现了生产过度，②加上忧心忡忡的消费者在股市崩盘后囤积资金，导致了螺旋式下跌。消费者和投资者更少消费，他们预期价格会持续下降。因此，舆论抨击布吕宁没实施有效阻止危机发生的政策。他提出的降低政府支出、平衡预算以及拒绝增加货币供给的政策遭到攻击。

凯恩斯主义者和货币主义者的观点从根本上来看没有什么不同。事实上，他们都要求更多的政府干预以走出或者阻止危机。③凯恩斯主义者的方案就是赤字性支出。这种支出可以通过通货膨胀来融资。④由这样的通货膨胀支撑起的金融体系正是货币主义者所开的药方。因此，人们通常认为布吕宁是失败的，认为通缩政策加剧了萧条。⑤

---

① 参见博尔夏特(1979，第88页)对传统解释的批评，以及科尔施(Korsch)(1981)对德国萧条的传统解释。弗里德曼和施瓦茨(1971)批评了央行的失败，特别是联储增加货币供给的做法。阿尔德克罗夫特(Aldcroft)(1978，第229-331页)同意说联储限制性的货币政策导致了严重的危机。

② 参见科尔施(1981，第16页)作出的凯恩斯主义解释。

③ 事实上，凯恩斯自己推荐同时进行货币扩张和扩张性的财政政策来走出萧条。参见斯基德尔斯基(Skidelsky)(2002，第99页)。

④ 凯恩斯主义经济学家安德里亚斯·科尔施(Andreas Korsch)在德国大萧条期间对经济政策的讨论认为，政府应当在信用受到限制时参与扩张性的货币政策(1981，第35页)。同样，金德尔伯格(Kindleberger)认为，国家银行应当扮演最终借款人的角色，救助达纳特银行(1987，第294-295页)。

⑤ 参见波姆巴赫(1976)；哥特弗雷德·波姆巴赫(Gottfried Bombach)的："Man ist sich einig in Brünings Versagen" (1976，第6页) [翻译：布吕宁被公认为是失败的。]科尔施写到，布吕宁的经济政策让衰退更加严重(1981，第13页)。维尔纳·约赫曼(Werner Jochmann)认为，通缩政策的后果是毁灭性的的(1978，第111页)。金德尔伯格写到："通缩政策实行的两年是决定性的两年，尽管它的不足很快就显示了出来。"(1987，第131-132页)，他还写到"一致的结论就是，布吕宁失败了"(第174页)。

5.2.5.2 博尔夏特的修正主义

布吕宁是否有机会采用另外的政策，又是一个争论的焦点，这个争论被称为"博尔夏特争论"（Borchard Controversy)。[①]博尔夏特说：[②]1931—1932年之前，衰退被认为与平常情况是一样的。因此，政府没有考虑新的紧急措施，比如大幅增加对公共工程的政府支出等。博尔夏特还说，即使觉察到了1931—1932年间的衰退恶化，但通过赤字性指出来增加公共支出的方法仍然行不通。为赤字提供资金有三个基本的途径：通过向国家银行融资、向居民以及外国投资者出售债券。首先，政府高赤字不能通过德国国家银行融资，即使后者同意也不行，因为按照杨格计划，德国国家银行必须是独立的。违反杨格计划可能会对外国债权人带来负面影响，导致外资流出。此外，如果德国表现出无力赔付，最后这些赔偿可能就会作废。但是，德国借款为一些连协约国也无力建设的政府性项目融资，也会使这一计划破产。此外，人们担心通过银行印刷纸币进行融资可能会导致另外一场价格通胀。人们对1923年的恶性通胀记忆犹新。因此，工会、社会民主党(SPD)和贸易联盟反对这一选择。

第二个选择是通过在国内出售债券来为赤字性支出融资。在德国出售债券可能会推高利率，挤占寻找贷款的私营投资。第三个选择就是从协约国获得贷款。这一选择也存在问题。首先，协约国也身陷经济困境，它们自己都没把钱投在公共开支上，凭什么会借钱给德国

---

① 关于博尔夏特争论，参见博尔夏特(1979 和 1982，第165-224页) 或者巴尔奇(Bartsch)和艾斯曼(Eismann)(2005)。

② 参见博尔夏特(1979)。

呢？第二，德国和协约国之间存在政治冲突。与奥地利之间所谓的关税同盟打击了法国。然而法国虽然同意提供帮助，但是条件是政治让步和布吕宁绝不能接受的保证，比如回绝《德国-奥地利的关税同盟计划》以及军备限制等。另一方面，军队、反对党和公众都不同意这样的妥协，德国总统保罗·冯·兴登堡(Paul von Hindenburg)威胁说，如果接受法国的条件，他就下台，因此这个选择也行不通。

最后，博尔夏特质疑了政府支出增加的有效性。在他看来，提出的支出项目不足以改变衰退进程进而避免希特勒掌权。[①]

5.2.5.3 另一种解释

20世纪20年代，美联储和相关的德国央行人为地降低了利率，当时德国银行、企业和公共实体都有在美国的德国银行贷款，金额不断叠加，仅次于美国贷款。因此，我们面对着一个典型的商业周期。20世纪20年代是繁荣阶段；1930年开始，银行的安全性下降，贷款流失，民众对银行充满了不信任，萧条阶段因此出现。[②]

导致萧条如此严重的原因已在上面解释了。当时信用扩张和不良投资的规模很大，未续贷的外国信贷严重限制了信用的发展。工会和国家强制制定工资，导致高失业率。新的失业保险和津贴则让失业持续的时间更长。此外，20年代的福利水平高得惊人。政府的作用越来

---

① 参见博尔夏特(1979，第99页)。布吕宁和希特勒之间有两任总理，弗朗茨·冯·帕彭(Franz von Papen)和库尔特·冯·施莱谢尔(Kurt von Schleicher)，他们没有对经济政策做出大幅调整。但是弗朗茨·冯·帕彭在1932年7月之后采取了一些信用扩张的措施。参见努斯鲍姆(1978，第375页)。他开建了一项小型公共工程和一个税收凭证项目。后者是对未来税收的减免措施，应用于赋税时。他们期望未来税收收入会下降。库尔特·冯·施莱谢尔建立了另外一项小型公共工程项目。

② 参见米塞斯(1931)对此的解释。

越大，这使处在困境中的私人经济部门更难抵住必要的清盘所带来的阵痛。事实上，私人经济部门在整个20年代都处于危机当中，许多公司没有破产是因为它们得到了国内或者国外信用扩张的支持。国际劳动分工因为关税壁垒的增加而遭到遏止，故国际贸易萎缩，生产效率低下。在此基础上，政府一些应对危机的政策让衰退变得更加严重。

德国政府没有采用自由放任政策减少公共部门对私人部门的干预，反而采取了一些其他的措施。①因此，我们来分析一下布吕宁政府的政策。布吕宁政府的政策确实在很多方面有失偏颇，比如税收增加、外汇管制、削减长期合约的利率、征收农业关税、救援银行体系以及之后对农场和企业的补贴等。但是凯恩斯主义者和货币主义者对布吕宁的批评是不对的，他的"通缩"政策很大程度上加快了经济恢复。当然，最好是能够把工会特权彻底取消，而不是用紧急条令来降低工资。自由工资设定不仅会降低工资水平，也会自然而然地降低自由市场的失业率。②商人们在其提出的改革计划中指出，政府强制要求的成本下降可能还不够，无法在短时间内提高竞争力和降低失业率。他们认为福利国家是危机背后的原因，他们要求"降低行政成本、废除失业保险、对市政支出进行中央管控，以及允许面临破产的雇主自由降低集体劳动合约里规定的工资水平"。③

可是，通缩政策确实加快了经济复苏。帕尔义说："大多数经济学家都认为'粘性'工资和价格加剧了衰退。事实上，取消了成本调

---

① 关于衰退中的政府政策，参见罗斯巴德(2000，第23-29页)。

② 参见米塞斯(1931，第20页)。

③ 帕奇1998，第177页；关于德国工业，还可参见库尔特·戈斯维勒(Kurt Gossweiler)的论点，即危机是因为名义工资过高，税收过高，社会保险贡献过大(1971，第356页)。

适的这些障碍的确促进了德国在30年代后期的繁荣。"[1]

因为布吕宁的政策，1930年之后，德国的贸易出现顺差，得以支付赔偿，减少外债。布吕宁平衡预算的计划对恢复德国的信誉起到了至关重要的作用。[2]与奥地利关税联盟的计划也让两国的工业得到复苏。

此外，布吕宁至少让价格通缩和不良投资的清盘进行到了1931年10月。[3]他认为紧缩将继续存在，除非全球市场的价格再次上升。[4]1931年7月之前，德国国家银行比其他任何一个央行的银根都紧。[5]边缘企业破产，给予其竞争者喘息的空间。如果没有倒闭，竞争者就会一直处在麻烦中。现在它们能够增加市场份额，再次兴盛起来。资本从一些行业流出到另外一些需求更高的行业。生产结构能够自己适应。这样，布吕宁的通缩政策从某种程度上带来了繁荣期对不良投资的清盘，加快了成本的下降。1932年，经济开始复苏。[6]总而言之，凯恩斯主义者和货币主义者认为，布吕宁的通缩政策是错误的，博尔夏特虽然认为他的政策不好，但也没有其他的选择。但是事

---

① 帕尔义(1972，第293页)；与德国经济复苏和接下来的人为繁荣相关，帕尔义这样评价布吕宁的通缩政策："事实上，外汇限制和一系列琐碎的规章背后，德国已经通过布吕宁的成本通缩政策做好了迎接复苏的准备，而德国也是唯一一个能够在30年代后期设法实现充分就业的国家，这要得益于'反周期'政策，即战争的资源调动。"(1972，第34页)帕尔义之后说："布吕宁拯救马克的英雄般的努力付诸东流，因为他无法对通缩进行逻辑上的总结。"(第339页)帕尔义认为，布吕宁的通缩政策至少为复苏铺设好的道路。努斯鲍姆也指出，布吕宁政府在1932年5月30日下台之后，危机也即将结束(1978，第373页)。

② 许尔斯曼(2013，第105页)认为，由于缺少类似于布吕宁通缩政策这样的政策，法国经济在20世纪30年代落后于德国。希特勒利用布吕宁政策给德国带来的经济优势，在1940年侵占了法国六周。

③ 之后，政府救助了企业，公共经济部门得到了发展。参见努斯鲍姆(1978，第329页)。

④ 参见帕奇(1998，第176页)。

⑤ 参见帕尔义(1972，第259页)。从1931年秋天开始，货币供给小幅扩张，折现率从九月初的10%下降到了1932年3月的6%。参见帕奇(1998，第205页)。

⑥ 参见费舍尔(1968，第46页)。斯托尔怕称，危机被公认为在1932年夏天达到顶峰(1966，第139页)。

实上，布吕宁的通缩政策还不够强，他的错误是对经济作出过多的干预。他的通缩政策持续时间不长。①1931年8月底，德国国家银行放松了信用限制。信用扩张政策对大企业有利，利率得以下降。②

5.2.6 价格通缩的反对声音

每一次通胀中，总有人受益，这些既得利益者就会反对通缩。20世纪20年代的德国也一样。但是德国经历过恶性通胀，并担心这种状况会再次出现，大多数人一开始并不反对价格通缩。德国工业联邦联盟在1931年仍然反对通胀，当时德国许多最具影响力的经济周刊也持这种观点，比如古斯塔夫·斯托尔珀(Gustav Stolper)出版的《德国经济学人》(*the Deutsche Volkswirt*)等。中小企业非常担心通胀，因此强烈反对。③20世纪20年代的通胀毁了它们的存款。④

对于价格通缩最主要的反对声音来自大企业和容克们。大企业和债台高筑的容克希望能够通过信用扩张得到救助。威廉·帕奇(William Patch)记录了实业家们提出克服1931年7月危机的建议：

一些实业家确实提出了创新的建议，来缓和紧缩的进程，他们提出可以创造一种补充性的货币来补偿外国信贷的退出。化学肥料专家赫尔曼·瓦尔姆波尔德(Hermann Warmbold)和企业管理者法尔本(Farben)提出，发行一种新的"库存票据"，以确保农民和其他小的生

---

① 因此，资本货物市场在1932年仍然过分扩张。参见尊佩(Zumpe)(1980)。
② 参见帕尔义(1972，第263页)。
③ 参见玻恩(1967，第44页)。
④ 参见阿尔德克罗夫特(1978，第167页)。

产商从未售出的产品上获得现金。保罗·西尔弗贝格(Paul Silverberg)
[一位煤炭和钢铁业的实业家和说客]也表示了支持，他说："我们只
能通过采用看上去像通胀的方法来对抗严重的通缩。"这种通胀只是
暂时性的，也是可以得到控制的。(1998，第176页)

　　保罗·西尔弗贝格在1931年9月提出了一个更大胆的方案，那就
是增加20亿帝国马克的货币供给。①不出意料，这些实业家希望能够
通过通胀的手段得到救助。实业家处在负债中，而且经常进行不良投
资。他们没有把这些不良投资清盘，而是希望通过一些不被承认的通
胀性措施得到救助。他们希望通过生产的方式避开所有权的变动。特
别是钢铁业有比较严重的问题，它们在20世纪20年代通过贷款增加了
产能，但是产能过高，导致在1931年的产能利用率跌到了36%。②学界
也开始支持通胀性政策，因此身为实业家和经济学家的海因里希·德
尔格(Heinrich Dräger)呼吁用信用扩张来为公共工程提供资金。③ 阿尔
伯特·哈恩(Albert Hahn)是德国证券和外汇银行(Deutsche Effekten-und
Wechselbank)的董事，他要求直接或者间接地通过德国国家银行为公
共支出融资。④因此，他要求实施扩张性的货币政策，这种政策势必
会给德国证券和外汇银行带来好处。为了帮助企业，经济学家格哈
德·科鲁姆(Gerhard Colm)提出强制把债券转换成股票来拯救企业。他

---

　　① 参见帕奇(1998，第207页)。努斯鲍姆也说，高负债的煤炭和钢铁行业支持通胀性政
策(1978，第321页)。
　　② 参见帕奇(1998，第179页)。
　　③ 参见科尔施(1981，第31页)。德尔格也参与建立了"货币与信用的经济学研究协会
(Studiengesellschaft für Geld- und Kreditwirtschaft)"，这一学会聚集了政客、公务员、科学
家、企业家和工会成员。
　　④ 参见约赫曼(Jochmann)(1978，第103页)。

的说法和4.3.3.3中的解释一样，这在政治上是可行的，因为债务人和利益相关的工人比债权人的组织性要好。之后，政府颁布条令降低了现有的信用合约利率，确实帮助到了债务人。①

但是，一些特殊的利益群体却强烈反对。中央党的成员几乎都是小商人，这些人通常没有大企业的负债高，因此反对通胀化方案。另外，工会组织也反对通胀措施。大通胀时期，工人的损失最大，惨痛经济记忆犹新。唯一支持"补充性货币"的党派是纳粹党。所以，中间派的媒体发起了一项活动，谴责纳粹通过的战略是在恶性通胀条件下大实业家为了摆脱负债而采取的花招。②

一些重工业的成员确实要求一定的通胀来摆脱债务负担，他们在希特勒政府时期建立联盟。此外，金融部门也愈发认为，信用扩张是走出危机的一种方法。③除了中央党之外，社会民主党(SPD)也反对纳粹党为了援助农民和大企业的通胀性措施。社会民主党清楚地看到了这些计划的游说集团和他们的结局。在党内的一份报纸上，一位匿名作家在1931年10月12日写到：

法西斯主义就等同于通胀。它的目标就是付给工人通胀了的工资，拿着这些工资，工人们只能买得起面包，而行将破产的重工业者

---

① 参见博尔夏特(1991，第37页)。

② 参见帕奇(1998，第177页)。

③ 参见努斯鲍姆(1978，第333-335页)。马克思主义者洛特·尊佩(Lotte Zumpe)认为，大多数金融部门、煤炭和钢铁行业、海外贸易业和容克们希望希特勒掌权 (1978，第11页)。她认为重整军备是希特勒得到许多希望他掌权的人支持的原因，比如银行家组成的凯普勒集团(Keppler-Kreis)、重工业者和容克们(第35页)。但是，对希特勒的支持还可能源自于对通胀措施的支持，这些措施将会给银行家、重工业者和容克们带来经济好处，而这些人就受到了价格通缩的威胁。

和大地主们则以工人们的利益为代价走出困境。法西斯主义是奴役工人们的政治手段，通胀就是其与工人斗争的经济武器。①

现在让我们来看看容克们，他们是除实业家和银行家之外的又一反对布吕宁通缩政策的群体。地主们猛烈地抨击布吕宁的政策，激起了政治动乱，动摇了政府的根基。帕尔义这样形容1930年和1931年前7个月："德国出现了近乎混乱的状况，这是因为地主和工业'保守'利益导致的。"(1972，第168页)"一战"之后，农民们就一直在经历危机，债台高筑。这一部分是由政府导致的，政府没有让这些亏损和负债的农场倒闭，反而对他们进行了救助。1929年恶性通胀结束后，政府提供给农民25.82亿帝国马克的贷款和1.44亿帝国马克的担保私人贷款。②但是农民想要的更多，他们想要更高的补贴，以及通胀。最终，容克们要为布吕宁的倒台负部分责任。③1932年的春天，布吕宁政府忙于一项紧急法令，试图减少或停止援助④给德意志帝国东部、波美拉尼亚以及普鲁士东部和西部负债过高的大地主的补贴。在抵押期满后的拍卖中，政府会收购土地，给大批无业人员居住。容克们对兴登堡总统的影响很大。事实上，他的儿子奥斯卡(Oskar)本身就是一名容克，兴登堡自己也接受了容克给他的诺伊德克(Neudeck)地产，成为该地产的所有者。因此，兴登堡同样享受了援助带来的好处。兴登堡受到了容克的影响，宣布他不会签署任何紧急条令。布吕宁于1932年5月

---

① 博尔夏特(1979，第123页)，fn.51引用。
② 参见努斯鲍姆(1978，第224页)。
③ 参见帕尔义(1972，第260页)。
④ 东部援助(Osthilfe)的目标是在价格通缩和农民负债期保持所有制的结构。农业团体不希望失去他们的产权，因此反对即将到来的再分配政策。参见努斯鲍姆(1978，第365页)。

30日下台。

纳粹党人满足重工业者和容克们的希望，他们开始参与信用扩张，为公共工程和重整军备提供资金。[1]德国的公共债务呈爆炸式增长。[2]

5.2.7 结论

20世纪20年代出现了银行信用通胀。外国贷款进入德国，而德国的银行也在增加货币供给。1931年，证券和工业贷款亏损引起了人们对银行偿债能力的怀疑，导致奥地利和德国出现了银行挤兑，信用受到了限制。因此，1930—1932年，银行信贷紧缩导致德国出现了价格通缩。除了银行信用紧缩之外，还有另外一些因素也导致了严重的价格通缩。人们试图增加现金持有量来应对银行倒闭，从而带来了现金积累量的紧缩。政府要求降低工资，也导致了价格下降。银行存款甚至被冻结了一段时间，表明政府没收也是通缩背后的一个原因。

与传统的解释不同，布吕宁的紧缩性政策并没有加剧衰退，他的另外一些干预性政策却阻碍了增长，这包括救助银行和企业，增加税收和农业关税、补贴，降低利率等。此外，他没有进一步推进紧缩性政策。导致严重衰退的原因是银行信用通胀、工会特权下的高工资、福利状态和国际劳动分工壁垒。与美国增长型通缩期一样，德国对价格通缩最强烈的反对来自债务人和未能盈利的企业。容克们和大实业家因此是价格通缩最强烈的反对者。

---

[1] 关于第三帝国的金融政策，参见费舍尔(1968，第66-71页)。关于纳粹的公共工程和金融政策，参见斯托尔帕(1966，第154-156页，第169-173页)。

[2] 参见斯托尔帕(1966，第172页)。

第 6 章

结语

通货紧缩是否会对经济产生危害这一问题，本书已作出剖析。

通货紧缩已成为物价下跌时期的理论性问题：如18世纪的瑞典通货紧缩期间、英国从1797 年一直到19世纪30年代停用现金支付期间，以及在第一次世界大战及随后大萧条期间，通货紧缩总是被当作理论性问题来回探讨。"二战"后，通货紧缩就很少再在学术中提起。直到20世纪90年代，日本物价下跌、欧美惶恐不安，通货紧缩才又被提上台面。

另外，曾在以上种种紧缩情况中遭受损失的主体常哀怨不断，为通货紧缩蒙上了一层灰暗的色彩。有些利益群体没能在货币扩张中获利，却在紧缩中受损，而一些理论家又与这些利益群体过从甚密，这便是为何举国上下都对通货紧缩心怀恐惧的原因。正如以上分析所示，自"二战"时凯恩斯理论在学术界与政界占主导地位后，这种恐惧便愈演愈烈。或许凯恩斯政策的主要目标便是不惜一切代价防止物价下跌。

当今经济学家对紧缩的看法已不似凯恩斯盛极时那般消极。然而，经济学家们仍不遗余力地着手摆脱甚或预防此种所谓的"梦魇"，他们仍对流动性陷阱颇为忌惮。因此，有些经济学家指出：出于对流动性陷阱的恐惧心理，通货紧缩比通货膨胀的形势更加危险。但是，仍有许多经济学家致力于物价稳定，并认为通货紧缩与通货膨胀一样危害不浅。增长型通货紧缩甚至被认为好处多多。然而，现金积聚型与银行信用紧缩型通货紧缩至今仍被视作经济的危害。穆瑞·罗斯巴德等奥地利学派经济学家则认为通货紧缩的负面影响不大，因此他们认为只在特定情况下(如货币改革)才出手防止通货紧缩。

本书第3章呈现了多种不同类型的通货紧缩，其诱因之一便是经济发展。发展的经济会创造出更多的物质与服务，这些新增的产品在货币供应增长减缓时进行买卖，物价就会下跌。从这方面来看，创新、劳动部门增加、净储蓄增多等种种因素中，无论是哪一项或几项带动经济增长，都已不再重要。

通货紧缩的又一诱因便是现金积聚。人们对货币的需求增大，并欲增持现金(即：愿意为货币出高价)。如此一来，货币购买力便上升。货币需求增大的几个原因如下：企业对使用货币的需求增大；当人们觉得前景难测，打算提高实际现金余额以备将来时，货币兑换的需求便会上升；随着物价下行，就算货币供应没有改变，个体的实际现金结余也会升值。进一步来讲，人们很有可能想要以货币的流动资产形式来储存更多的财富。最后，希望货币购买力上升的人们便十分需要现金。在这种情况下，货币投机性需求上升，加速物价跌至预期水平。

通货紧缩的第三个诱因是银行信用紧缩。在信用扩张引发人为经济繁荣之后的经济萧条期，信用常常紧缩。原因是银行变得更为谨慎，或央行收紧其货币政策，再或者存款者想要增持现金。经济萧条期间，当首笔信贷变成坏账，其他坏账也将接踵而至，信贷于是更为艰难。依赖进一步贷款的公司便会破产。公司破产与信用紧缩引发资产价格下跌。公司与银行的资产负债表也因破产与坏账而恶化。信用紧缩或货币供应削减预示着物价将会下跌。实际债务负担便随着物价下跌而累加，高负债公司于是破产。与此同时，存款者开始怀疑银行系统的偿付能力，进而取出存款。这就迫使银行进一步收紧信用，于是通货愈发紧缩，实际债务负担愈发上升。当银行系统已然崩溃，经济繁荣时期的不当投资与不景气公司已然清盘完毕，以上过程便会引发银行恐慌。当然，在信用货币体系下，在累积过程中的任何时候，银行都可通过提高货币供应来阻止物价下跌。

通货紧缩的最后一个原因便是国家政策。政府直接引发的通货紧缩，便是所谓的指令型通货紧缩。此类通货紧缩有三种形式。在价格法令型通货紧缩中，政府直接规定降低物价，因此就限定了最高售价。在强制货币型通货紧缩中，政府会用三种方法强制削减货币供应：在财政型通货紧缩中销毁税收；在债券型通货紧缩时发行政府债券然后摧毁货币；或在没收型通货紧缩中查封并没收货币资金。在法币型通货紧缩中，通过设定一种法币，使其他至少一种交换货币废止通用，从而使物价下跌。

第4章分析了通货紧缩的影响。通货紧缩常意味着物价下跌。买家从物价下跌中获益，卖家则损失。每个人都既是买家，又是卖家。公司也买产品原料同时卖出产品。当价格下跌时，哪些公司因之欣欣向荣，哪些公司苦不堪言？哪些个体将从中获利，哪些个体将遭受损失？这些都视物价下跌的相对强度而定。物价下跌的最重要影响是：有些个体或公司将获利，而其他的个体与公司将损失。相对财富地位会发生改变，比如说，会产生有利于固定收入群体的资产再分配。另外，随着实际债务负担增大，债权人的获利建立在债务人的牺牲之上。通货紧缩引发的这些分配影响早已不是稀奇事。经济上的任何改变都会产生这种影响，影响的结果则取决于相关个体的经营技巧。通货紧缩除了这些主要影响，还在经济萧条时可以通过推动信用紧缩加快经济恢复。不良贷款将因信用不再续贷而得到更快清盘。不良企业破产，将资源让给了有可行性投资项目的其他公司。更重要的是，物价下跌会导致会计损失及资产价格下跌。或许是因为人们觉得更为贫穷，以上情况将刺激储蓄以补偿种种损失。通货紧缩的另一影响便是打破制度价格(比如工资)刚性。此外，通货紧缩或将打击部分准备金银行制度。随着物价下跌，公司的实际债务负担增加，若公司无力承担，则会破产。这就是银行资产负债表恶化，进而引发银行信用紧缩情况下的种种不良情况叠加。当一家银行遭挤兑，就会引发其他银行接连遭挤兑，部分准备金银行制度的稳定性便岌岌可危。若中央银行干预失败，银行恐慌将进一步蔓延。因此部分准备金银行制度会坍塌，这就为新的货币系统提供了条件。

本书也曾指出，政府不愿看到物价下跌，因为这将削弱其权力。通货紧缩时，政府负债的实际负担增大。另外，货币紧缩也会让政府财政出现纰漏，因为政府支出中很大一部分资金来源于通货膨胀。

最后，持续的通货紧缩将改变人们的习惯：出于资产保值的考虑，人们将减少对金融业与金融市场的依赖，因为只需手持现金，财产便会自动升值。

另外，坊间也广泛流传着通货紧缩方面的观点。此类观念会引发一个强烈的反紧缩偏见，其中最重要的五种观点已在第4章进行探讨。第一，通货紧缩中的财富再分配并不具有随意性。再分配的结果取决于市场参与者的经营技巧。但是，若通货紧缩的原由是政府干预的，那么还可说政府的干预是暴力或者不公平的。

第二，通货紧缩并不一定会扰乱生产。通过金融系统的清盘以及合理系统的诞生，生产可能反会激增。此外，破产意味着公司所有者发生变化及公司摆脱债务，但并不一定意味着生产出现紊乱。若投资项目合理，生产仍会继续。再者，企业家能预判物价是否下跌，进而压低买进价格以防止损失。

第三种观点认为通货紧缩会导致混乱。人们都只希望物价稳定。然而，企业家可在物价稳定、上升或下跌的任何时期做好商业应对计划，因为他们一直在努力研判与自身息息相关的物价动态。当然，通货紧缩也可能被蛊惑民心的政客用来煽动政变。

第四种观点主张物价下跌会导致大规模失业。但这并非事实，因为仅有政府干预政策才能阻止薪资调整其下行形势，进而引起非自愿失业。

最后一种观点认为通货紧缩将引发流动性陷阱，但其实颇有缪误。当名义利率接近零，紧缩预期将导致实际利率提高，从而增大借款的实际成本，投资便会中断。然而，紧缩预期会加速物价下跌。企业家可在物价下跌之后再投资，他们往往压低出价。结果，物价很快便跌至预期水平。另外，买进成本与卖出收益(或自然利率)之间的差价对投资决定来说至关重要。因此，投资并不一定会受紧缩预期的打压。

以上五种观点不足以说明我们应规避通货紧缩，也不足以证明通货紧缩本身有诸多弊端。通货紧缩利弊与否，取决于引发紧缩的原因。政府干预引发的通货紧缩与自由市场上个体行为引发的通货紧缩，其二者的伦理评价准绳并不相同。

第4章对反通货紧缩的观点作出一番解释。在本文看来，引发大众反对通货紧缩的原因恰是人们对紧缩的谬论。这些观点常被在通货紧缩中遭受损失的人群广泛传播。如今人们对通货紧缩的排斥更甚于其对通货膨胀，这须归结于通货紧缩的再分配影响。财富再分配在通货紧缩中的影响要比在通货膨胀中更为明显。此外，通货紧缩的损失波及面要比通货膨胀中的要小。在通货紧缩中遭受损失的人，通常也比在通货膨胀中受损的人更有权力。通货紧缩中，负债过重且损失巨大的，恰是经济创造者，尤其是政府、银行和大型企业。而这些精英们通常有权力阻止通货紧缩的发生，或至少可在指令型货币系统内阻止。

诸多此类理论性观点均已在第5章的历史案例研究中进行阐述。因此，此前概述的几种类型的通货紧缩也已一同阐述。在美国的增长型紧缩中，不仅存在增长型紧缩，更有银行信用紧缩、法定货币及证券紧缩。在德国的银行信用紧缩中，除银行信用紧缩的影响积累叠加，也有现金集积聚型紧缩，强制货币型和价格法令型紧缩。因此，本书已历数出引发紧缩的绝大多数原因，对同时也列出了紧缩的各个影响。再分配发生，人们对物价下跌及社会动荡的反对意愿会增强，对扩张性货币政策的呼声会更高。即使美国的经济发展势头十分强劲，发生以上种种情况也在所难免。本应在通货膨胀中获益颇多的利益群体就很好地解释了这一点。在德国的银行信用紧缩中，很多企业破产，生产结构也经历了再调整，通货紧缩推动了经济的复苏，同时多疑的利益群体(尤其是负债农民、商人和银行)又一次燃起了对通货膨胀期望。

总而言之，较合理的结论便是：通货紧缩并不一定会对经济产生负面影响。物价下跌并不具有危害性。比如说，个人电脑价格下降，消费者会认为是一种利好。他们虽看不见价格下降背后的弊端，但对更低的价格却是来者不拒。通货紧缩的主要影响便是财富与收入的再分配，但却不是扰乱生产。然而，有人会说指令型通货紧缩对经济不利，因为政府强迫人们做其不愿做的事情，从而强制性地减少人们的福利。但是，紧缩本质上并没有危害性，相反，它还会有一些好处，如清除不良投资和不合理的财政系统等。

在指出通货紧缩本身不具有危害性之后，我们也须记住用于防止通货紧缩的几条建议。认为通货紧缩具有危害性的经济学家，常含蓄或明确地呼吁通货膨胀，即扩张性货币政策。但即使你认为通货紧缩有危害性，也须思考一下通货膨胀的危害性是不是会更大。根据新资金在经济中去向的不同，通货膨胀也会引发财富再分配或扰乱物价系统。若新资金流入贷款市场，利率就会被人为地抬高，扩张性货币政策将导致不良投资的产生和社会稀缺资源的浪费。稳定的消费价格或会误导政策制定者与经济学家认为生产结构发生了扭曲。尽管事实上消费价格多少会保持稳定，但通货膨胀扰乱了生产结构。因此，经济萧条中的生产结构再调整迟早会让社会承受一番痛苦。

此外，反紧缩的通货膨胀将会导致资产价格泡沫及金融动荡。因此，用通货膨胀对抗通货紧缩的建议会招致很悲惨的结果。总之，即使证明通货紧缩具有危害性(虽然根据本书的研究来看不大可能)，也不能证明它的危害性更大于其所谓的矫正器——通货膨胀。

译后记

作为市场经济的核心，价格问题关乎所有个体利益，是社会热议的焦点。就全球而言，稳定物价是各国央行货币政策的重要目标，主要经济体因此设定了通胀目标制。2008年金融危机后，各主要经济体面临通货紧缩的处境；尤其是当前，中国经济已渐从几年前的控制通货膨胀转向防范通缩风险。但令人遗憾的是，尽管"通缩"一词被一再提及，相关理论研究仍较匮乏且系统性不足。对此，本书作者基于经济史，梳理了有关通缩的理论研究、因果分析和经典案例，并提出"通货紧缩并不一定会对经济产生负面影响"，人们需要应对的是"通缩恐惧症"。

对于作者的研究，读者们自有判断，但本书无疑给我们提供了另一种分析视角，帮助我们更加全面、理性地看待通货紧缩相关问题，而不是淹没在越来越多的杂音之中，遗忘应有的逻辑思考。

本书作者菲利普·巴格斯(Philipp Bagus)是胡安·卡洛斯国王大学的经济学教授，被视作奥地利学派最有前途的新星。作者结合理论和现实，循序渐进地对通缩问题进行全面解读，逻辑严谨、环环相扣。译事艰难，心中自知，本有搁笔之意，但这本充满理性思考和真知灼见的原创性著作仍然强烈吸引了我，我向来认为，翻译作品要达到"信、达、雅"的水平，译者自身应能熟练地把握相关国家的语言，同时，专业水平不能和原著作者相差甚远。否则，可能就会差之毫厘，谬以千里。我们在文稿翻译中，力争在忠实作者原意的基础上，尽可能符合中国读者的阅读习惯，效果如何，还请广大读者评判。熊越翻译了一、二两章，卢超群、曾一已参加了部分章节的译校，在此一并感谢。

　　海明威说："这个世界是如此美好，值得我们为之奋斗。"我相信后半句。

杨　农

2015年8月

北京金融街